党员干部应知应会法律常识

本书编写组 编写

中国方正出版社

出版前言

2023 年 8 月，中共中央办公厅、国务院办公厅印发《关于建立领导干部应知应会党内法规和国家法律清单制度的意见》，就建立领导干部应知应会党内法规和国家法律清单制度作出部署，为推动领导干部带头尊规学规守规用规、带头尊法学法守法用法提供了重要遵循。二十届中央纪委三次全会明确提出，深入学习习近平总书记关于党的纪律建设的重要论述，延伸学习应知应会党内法规和国家法律清单，推动党员干部把遵规守纪刻印在心。

为帮助广大党员干部更好地学习应知应会国家法律，自觉地学规学法、遵规守法，我们组织编写了《党员干部应知应会法律常识》。全书分为两个部分，采用问答形式较为全面地介绍党员干部应知应会的法律常识。第一部分为基础常识，主要涉及《中华人民共和国宪法》《中华人民共和国监察法》《中华人民共和国公职人员政务处分法》等国家法律中相关基础知识；第二部分为处分处罚常识，主要涉及国家法律中有关定罪量刑、处分处罚相关内容。全书打破了按照国家法律名称进行编写的惯例，将每部法规中最基础、最需要掌握的知识点作了精编，力求让读者在有限的时间内可以学到更多法律知识。此外，我们还在每个知识点后标注了法规出处，方便读者按图索骥查阅原文，进一步深入学习。

由于时间和水平所限，书中难免有疏漏和差错之处，敬请广大读者批评指正。

编者

2024 年 7 月

目　录

一

二

一

1. 我国的根本法是什么？

宪法以法律的形式确认了中国各族人民奋斗的成果，规定了国家的根本制度和根本任务，是国家的根本法，具有最高的法律效力。全国各族人民、一切国家机关和武装力量、各政党和各社会团体、各企业事业组织，都必须以宪法为根本的活动准则，并且负有维护宪法尊严、保证宪法实施的职责。

——《中华人民共和国宪法》（2018年3月11日第十三届全国人民代表大会第一次会议通过的《中华人民共和国宪法修正案》修正）序言

2. 我国的根本制度是什么？

社会主义制度是中华人民共和国的根本制度。中国共产党领导是中国特色社会主义最本质的特征。禁止任何组织或者个人破坏社会主义制度。

——《中华人民共和国宪法》（2018年3月11日第十三届全国人民代表大会第一次会议通过的《中华人民共和国宪法修正案》修正）第一条第二款

3. 人民行使国家权力的机关是什么？

中华人民共和国的一切权力属于人民。

人民行使国家权力的机关是全国人民代表大会和地方各级人民代表大会。

人民依照法律规定，通过各种途径和形式，管理国家事务，管理经济和文化事业，管理社会事务。

——《中华人民共和国宪法》（2018 年 3 月 11 日第十三届全国人民代表大会第一次会议通过的《中华人民共和国宪法修正案》修正）第二条

4. 我国的国家机构实行什么原则？

中华人民共和国的国家机构实行民主集中制的原则。

全国人民代表大会和地方各级人民代表大会都由民主选举产生，对人民负责，受人民监督。

国家行政机关、监察机关、审判机关、检察机关都由人民代表大会产生，对它负责，受它监督。

中央和地方的国家机构职权的划分，遵循在中央的统一领导下，充分发挥地方的主动性、积极性的原则。

——《中华人民共和国宪法》（2018 年 3 月 11 日第十三届全国人民代表大会第一次会议通过的《中华人民共和国宪法修正案》修正）第三条

5. 我国的社会主义经济制度的基础是什么？

中华人民共和国的社会主义经济制度的基础是生产资料的社会主义公有制，即全民所有制和劳动群众集体所有制。社会主义公有制消灭人剥削人的制度，实行各尽所能、按劳分配的原则。

国家在社会主义初级阶段，坚持公有制为主体、多种所有制经济共同发展的基本经济制度，坚持按劳分配为主体、多种分配方式并存的分配制度。

——《中华人民共和国宪法》（2018 年 3 月 11 日第十三届全国人民代表大会第一次会议通过的《中华人民共和国宪法修正案》修正）第六条

6. 在我国，哪些人享有选举权和被选举权？

中华人民共和国年满十八周岁的公民，不分民族、种族、性别、职业、家庭出身、宗教信仰、教育程度、财产状况、居住期限，都有选举权和被选举权；但是依照法律被剥夺政治权利的人除外。

——《中华人民共和国宪法》（2018 年 3 月 11 日第十三届全国人民代表大会第一次会议通过的《中华人民共和国宪法修正案》修正）第三十四条

7. 我国最高国家权力机关是什么？

中华人民共和国全国人民代表大会是最高国家权力机关。它的常设机关是全国人民代表大会常务委员会。

——《中华人民共和国宪法》（2018 年 3 月 11 日第十三届全国人民代表大会第一次会议通过的《中华人民共和国宪法修正案》修正）第五十七条

8. 在我国，国家立法权由谁来行使？

全国人民代表大会和全国人民代表大会常务委员会行使国家立法权。

——《中华人民共和国宪法》（2018 年 3 月 11 日第十三届全国人民代表大会第一次会议通过的《中华人民共和国宪法修正案》修正）第五十八条

9. 全国人民代表大会行使哪些职权？

全国人民代表大会行使下列职权：

（一）修改宪法；

（二）监督宪法的实施；

（三）制定和修改刑事、民事、国家机构的和其他的基本法律；

（四）选举中华人民共和国主席、副主席；

（五）根据中华人民共和国主席的提名，决定国务院总理的人选；根据国务院总理的提名，决定国务院副总理、国务委员、各部部长、各委员会主任、审计长、秘书长的人选；

（六）选举中央军事委员会主席；根据中央军事委员会主席的提名，决定中央军事委员会其他组成人员的人选；

（七）选举国家监察委员会主任；

（八）选举最高人民法院院长；

（九）选举最高人民检察院检察长；

（十）审查和批准国民经济和社会发展计划和计划执行情况的报告；

（十一）审查和批准国家的预算和预算执行情况的报告；

（十二）改变或者撤销全国人民代表大会常务委员会不适当的决定；

（十三）批准省、自治区和直辖市的建置；

（十四）决定特别行政区的设立及其制度；

（十五）决定战争和和平的问题；

（十六）应当由最高国家权力机关行使的其他职权。

——《中华人民共和国宪法》（2018年3月11日第十三届全国人民代表大会第一次会议通过的《中华人民共和国宪法修正案》修正）第六十二条

10. 国家主席、副主席是如何产生的？

中华人民共和国主席、副主席由全国人民代表大会选举。

有选举权和被选举权的年满四十五周岁的中华人民共和国公民可以被选为中华人民共和国主席、副主席。

中华人民共和国主席、副主席每届任期同全国人民代表大会每届任期相同。

——《中华人民共和国宪法》（2018年3月11日第十三届全国人民代表大会第一次会议通过的《中华人民共和国宪法修正案》修正）第七十九条

11. 国务院由哪些人员组成？

国务院由下列人员组成：总理，副总理若干人，国务委员若干人，各部部长，各委员会主任，审计长，秘书长。

国务院实行总理负责制。各部、各委员会实行部长、主任负责制。

国务院的组织由法律规定。

——《中华人民共和国宪法》（2018 年 3 月 11 日第十三届全国人民代表大会第一次会议通过的《中华人民共和国宪法修正案》修正）第八十六条

12. 国务院行使哪些职权？

国务院行使下列职权：

（一）根据宪法和法律，规定行政措施，制定行政法规，发布决定和命令；

（二）向全国人民代表大会或者全国人民代表大会常务委员会提出议案；

（三）规定各部和各委员会的任务和职责，统一领导各部和各委员会的工作，并且领导不属于各部和各委员会的全国性的行政工作；

（四）统一领导全国地方各级国家行政机关的工作，规定中央和省、自治区、直辖市的国家行政机关的职权的具体划分；

（五）编制和执行国民经济和社会发展计划和国家预算；

（六）领导和管理经济工作和城乡建设、生态文明建设；

（七）领导和管理教育、科学、文化、卫生、体育和计划生育工作；

（八）领导和管理民政、公安、司法行政等工作；

（九）管理对外事务，同外国缔结条约和协定；

（十）领导和管理国防建设事业；

（十一）领导和管理民族事务，保障少数民族的平等权利和民族自治地方的自治权利；

（十二）保护华侨的正当的权利和利益，保护归侨和侨眷的合法的权利和利益；

（十三）改变或者撤销各部、各委员会发布的不适当的命令、指示和规章；

（十四）改变或者撤销地方各级国家行政机关的不适当的决定和命令；

（十五）批准省、自治区、直辖市的区域划分，批准自治州、县、自治县、市的建置和区域划分；

（十六）依照法律规定决定省、自治区、直辖市的范围内部分地区进入紧急状态；

（十七）审定行政机构的编制，依照法律规定任免、培训、考核和奖惩行政人员；

（十八）全国人民代表大会和全国人民代表大会常

务委员会授予的其他职权。

——《中华人民共和国宪法》（2018 年 3 月 11 日第十三届全国人民代表大会第一次会议通过的《中华人民共和国宪法修正案》修正）第八十九条

13. 中央军事委员会由哪些人员组成？

中华人民共和国中央军事委员会领导全国武装力量。中央军事委员会由下列人员组成：主席，副主席若干人，委员若干人。

中央军事委员会实行主席负责制。

中央军事委员会每届任期同全国人民代表大会每届任期相同。

——《中华人民共和国宪法》（2018 年 3 月 11 日第十三届全国人民代表大会第一次会议通过的《中华人民共和国宪法修正案》修正）第九十三条

14. 监察委员会由哪些人员组成？

中华人民共和国各级监察委员会是国家的监察机关。

中华人民共和国设立国家监察委员会和地方各级监

察委员会。

监察委员会由下列人员组成：主任，副主任若干人，委员若干人。

监察委员会主任每届任期同本级人民代表大会每届任期相同。国家监察委员会主任连续任职不得超过两届。

监察委员会的组织和职权由法律规定。

——《中华人民共和国宪法》（2018 年 3 月 11 日第十三届全国人民代表大会第一次会议通过的《中华人民共和国宪法修正案》修正）第一百二十三条、第一百二十四条

15. 我国最高监察机关是什么？

中华人民共和国国家监察委员会是最高监察机关。

国家监察委员会领导地方各级监察委员会的工作，上级监察委员会领导下级监察委员会的工作。

——《中华人民共和国宪法》（2018 年 3 月 11 日第十三届全国人民代表大会第一次会议通过的《中华人民共和国宪法修正案》修正）第一百二十五条

16. 我国最高审判机关是什么？

最高人民法院是最高审判机关。

最高人民法院监督地方各级人民法院和专门人民法院的审判工作，上级人民法院监督下级人民法院的审判工作。

——《中华人民共和国宪法》（2018 年 3 月 11 日第十三届全国人民代表大会第一次会议通过的《中华人民共和国宪法修正案》修正）第一百三十二条

17. 我国最高检察机关是什么？

最高人民检察院是最高检察机关。

最高人民检察院领导地方各级人民检察院和专门人民检察院的工作，上级人民检察院领导下级人民检察院的工作。

——《中华人民共和国宪法》（2018 年 3 月 11 日第十三届全国人民代表大会第一次会议通过的《中华人民共和国宪法修正案》修正）第一百三十七条

18. 中华人民共和国国旗、国歌、国徽和首都分别是什么？

中华人民共和国国旗是五星红旗。

中华人民共和国国歌是《义勇军进行曲》。

中华人民共和国国徽，中间是五星照耀下的天安门，周围是谷穗和齿轮。

中华人民共和国首都是北京。

——《中华人民共和国宪法》（2018年3月11日第十三届全国人民代表大会第一次会议通过的《中华人民共和国宪法修正案》修正）第一百四十一条、第一百四十二条、第一百四十三条

19. 监察机关的性质和职能是什么？

各级监察委员会是行使国家监察职能的专责机关，依照本法对所有行使公权力的公职人员（以下称公职人员）进行监察，调查职务违法和职务犯罪，开展廉政建设和反腐败工作，维护宪法和法律的尊严。

——《中华人民共和国监察法》（2018年3月20日第十三届全国人民代表大会第一次会议通过）第三条

20. 开展监察工作的原则是什么？

国家监察工作严格遵照宪法和法律，以事实为根据，以法律为准绳；在适用法律上一律平等，保障当事人的合

法权益；权责对等，严格监督；惩戒与教育相结合，宽严相济。

——《中华人民共和国监察法》（2018 年 3 月 20 日第十三届全国人民代表大会第一次会议通过）第五条

21. 监察委员会是如何产生的？

国家监察委员会由全国人民代表大会产生，负责全国监察工作。

国家监察委员会由主任、副主任若干人、委员若干人组成，主任由全国人民代表大会选举，副主任、委员由国家监察委员会主任提请全国人民代表大会常务委员会任免。

地方各级监察委员会由本级人民代表大会产生，负责本行政区域内的监察工作。

地方各级监察委员会由主任、副主任若干人、委员若干人组成，主任由本级人民代表大会选举，副主任、委员由监察委员会主任提请本级人民代表大会常务委员会任免。

——《中华人民共和国监察法》（2018 年 3 月 20 日第十三届全国人民代表大会第一次会议通过）

第八条第一款、第二款，第九条第一款、第二款

22. 监察机关的职责是什么？

监察委员会依照本法和有关法律规定履行监督、调查、处置职责：

（一）对公职人员开展廉政教育，对其依法履职、秉公用权、廉洁从政从业以及道德操守情况进行监督检查；

（二）对涉嫌贪污贿赂、滥用职权、玩忽职守、权力寻租、利益输送、徇私舞弊以及浪费国家资财等职务违法和职务犯罪进行调查；

（三）对违法的公职人员依法作出政务处分决定；对履行职责不力、失职失责的领导人员进行问责；对涉嫌职务犯罪的，将调查结果移送人民检察院依法审查、提起公诉；向监察对象所在单位提出监察建议。

——《中华人民共和国监察法》（2018 年 3 月 20 日第十三届全国人民代表大会第一次会议通过）第十一条

23. 派驻或者派出监察机构、监察专员的领导体制是怎样的？

各级监察委员会可以向本级中国共产党机关、国家

机关、法律法规授权或者委托管理公共事务的组织和单位以及所管辖的行政区域、国有企业等派驻或者派出监察机构、监察专员。

监察机构、监察专员对派驻或者派出它的监察委员会负责。

派驻或者派出的监察机构、监察专员根据授权，按照管理权限依法对公职人员进行监督，提出监察建议，依法对公职人员进行调查、处置。

——《中华人民共和国监察法》（2018 年 3 月 20 日第十三届全国人民代表大会第一次会议通过）第十二条、第十三条

24. 监察机关的监察对象有哪些？

监察机关对下列公职人员和有关人员进行监察：

（一）中国共产党机关、人民代表大会及其常务委员会机关、人民政府、监察委员会、人民法院、人民检察院、中国人民政治协商会议各级委员会机关、民主党派机关和工商业联合会机关的公务员，以及参照《中华人民共和国公务员法》管理的人员；

（二）法律、法规授权或者受国家机关依法委托管理公共事务的组织中从事公务的人员；

（三）国有企业管理人员；

（四）公办的教育、科研、文化、医疗卫生、体育等单位中从事管理的人员；

（五）基层群众性自治组织中从事管理的人员；

（六）其他依法履行公职的人员。

——《中华人民共和国监察法》（2018 年 3 月 20 日第十三届全国人民代表大会第一次会议通过）第十五条

25. 什么情况下可以采取留置措施？

被调查人涉嫌贪污贿赂、失职渎职等严重职务违法或者职务犯罪，监察机关已经掌握其部分违法犯罪事实及证据，仍有重要问题需要进一步调查，并有下列情形之一的，经监察机关依法审批，可以将其留置在特定场所：

（一）涉及案情重大、复杂的；

（二）可能逃跑、自杀的；

（三）可能串供或者伪造、隐匿、毁灭证据的；

（四）可能有其他妨碍调查行为的。

对涉嫌行贿犯罪或者共同职务犯罪的涉案人员，监察机关可以依照前款规定采取留置措施。

留置场所的设置、管理和监督依照国家有关规定执行。

——《中华人民共和国监察法》（2018 年 3 月 20 日第十三届全国人民代表大会第一次会议通过）第二十二条

26. 对监察机关运用查询、冻结措施有什么要求？

监察机关调查涉嫌贪污贿赂、失职渎职等严重职务违法或者职务犯罪，根据工作需要，可以依照规定查询、冻结涉案单位和个人的存款、汇款、债券、股票、基金份额等财产。有关单位和个人应当配合。

冻结的财产经查明与案件无关的，应当在查明后三日内解除冻结，予以退还。

——《中华人民共和国监察法》（2018 年 3 月 20 日第十三届全国人民代表大会第一次会议通过）第二十三条

27. 对监察机关运用搜查措施有什么要求？

监察机关可以对涉嫌职务犯罪的被调查人以及可能隐藏被调查人或者犯罪证据的人的身体、物品、住处和其他有关地方进行搜查。在搜查时，应当出示搜查证，并有被搜查人或者其家属等见证人在场。

搜查女性身体，应当由女性工作人员进行。

监察机关进行搜查时，可以根据工作需要提请公安机关配合。公安机关应当依法予以协助。

——《中华人民共和国监察法》（2018 年 3 月 20 日第十三届全国人民代表大会第一次会议通过）第二十四条

28. 对监察机关运用调取、查封、扣押措施有什么要求？

监察机关在调查过程中，可以调取、查封、扣押用以证明被调查人涉嫌违法犯罪的财物、文件和电子数据等信息。采取调取、查封、扣押措施，应当收集原物原件，会同持有人或者保管人、见证人，当面逐一拍照、登记、编号，开列清单，由在场人员当场核对、签名，并将清单副本交财物、文件的持有人或者保管人。

对调取、查封、扣押的财物、文件，监察机关应当设立专用账户、专门场所，确定专门人员妥善保管，严格履行交接、调取手续，定期对账核实，不得毁损或者用于其他目的。对价值不明物品应当及时鉴定，专门封存保管。

查封、扣押的财物、文件经查明与案件无关的，应当在查明后三日内解除查封、扣押，予以退还。

——《中华人民共和国监察法》（2018 年 3 月 20 日第十三届全国人民代表大会第一次会议通过）第二十五条

29. 什么情况下，监察机关可以采取技术调查措施？

监察机关调查涉嫌重大贪污贿赂等职务犯罪，根据需要，经过严格的批准手续，可以采取技术调查措施，按照规定交有关机关执行。

批准决定应当明确采取技术调查措施的种类和适用对象，自签发之日起三个月以内有效；对于复杂、疑难案件，期限届满仍有必要继续采取技术调查措施的，经过批准，有效期可以延长，每次不得超过三个月。对于不需要继续采取技术调查措施的，应当及时解除。

——《中华人民共和国监察法》（2018 年 3 月 20 日第十三届全国人民代表大会第一次会议通过）第二十八条

30. 依法应当留置的被调查人在逃，监察机关应如何处置？

依法应当留置的被调查人如果在逃，监察机关可以决定在本行政区域内通缉，由公安机关发布通缉令，追捕归案。通缉范围超出本行政区域的，应当报请有权决定的上级监察机关决定。

监察机关为防止被调查人及相关人员逃匿境外，经省级以上监察机关批准，可以对被调查人及相关人员采取限制出境措施，由公安机关依法执行。对于不需要继续采取限制出境措施的，应当及时解除。

——《中华人民共和国监察法》（2018 年 3 月 20 日第十三届全国人民代表大会第一次会议通过）第二十九条、第三十条

31. 如果涉嫌职务犯罪的被调查人主动认罪认罚，什么情形可以从宽处罚？

涉嫌职务犯罪的被调查人主动认罪认罚，有下列情形之一的，监察机关经领导人员集体研究，并报上一级监察机关批准，可以在移送人民检察院时提出从宽处罚的建议：

（一）自动投案，真诚悔罪悔过的；

（二）积极配合调查工作，如实供述监察机关还未掌握的违法犯罪行为的；

（三）积极退赃，减少损失的；

（四）具有重大立功表现或者案件涉及国家重大利

益等情形的。

——《中华人民共和国监察法》（2018 年 3 月 20 日第十三届全国人民代表大会第一次会议通过）第三十一条

32. 监察机关采取留置措施的批准权限是什么？

监察机关采取留置措施，应当由监察机关领导人员集体研究决定。设区的市级以下监察机关采取留置措施，应当报上一级监察机关批准。省级监察机关采取留置措施，应当报国家监察委员会备案。

——《中华人民共和国监察法》（2018 年 3 月 20 日第十三届全国人民代表大会第一次会议通过）第四十三条第一款

33. 留置措施的期限是怎样规定的？

留置时间不得超过三个月。在特殊情况下，可以延长一次，延长时间不得超过三个月。省级以下监察机关采取留置措施的，延长留置时间应当报上一级监察机关批准。监察机关发现采取留置措施不当的，应当及时解除。

——《中华人民共和国监察法》（2018 年 3 月 20 日

第十三届全国人民代表大会第一次会议通过）

第四十三条第二款

34. 留置如何折抵刑期？

被留置人员涉嫌犯罪移送司法机关后，被依法判处管制、拘役和有期徒刑的，留置一日折抵管制二日，折抵拘役、有期徒刑一日。

——《中华人民共和国监察法》（2018 年 3 月 20 日第十三届全国人民代表大会第一次会议通过）

第四十四条第三款

35. 监察机关根据监督、调查结果，有哪些处置方式？

监察机关根据监督、调查结果，依法作出如下处置：

（一）对有职务违法行为但情节较轻的公职人员，按照管理权限，直接或者委托有关机关、人员，进行谈话提醒、批评教育、责令检查，或者予以诫勉；

（二）对违法的公职人员依照法定程序作出警告、记过、记大过、降级、撤职、开除等政务处分决定；

（三）对不履行或者不正确履行职责负有责任的领导人员，按照管理权限对其直接作出问责决定，或者向有权作出问责决定的机关提出问责建议；

（四）对涉嫌职务犯罪的，监察机关经调查认为犯罪事实清楚，证据确实、充分的，制作起诉意见书，连同案卷材料、证据一并移送人民检察院依法审查、提起公诉；

（五）对监察对象所在单位廉政建设和履行职责存在的问题等提出监察建议。

监察机关经调查，对没有证据证明被调查人存在违法犯罪行为的，应当撤销案件，并通知被调查人所在单位。

——《中华人民共和国监察法》（2018年3月20日第十三届全国人民代表大会第一次会议通过）第四十五条

36. 监察对象对监察机关作出的涉及本人的处理决定不服的，该怎么办？

监察对象对监察机关作出的涉及本人的处理决定不服的，可以在收到处理决定之日起一个月内，向作出决定的监察机关申请复审，复审机关应当在一个月内作出复审决定；监察对象对复审决定仍不服的，可以在收到复审决定之日起一个月内，向上一级监察机关申请复核，复核机关应当在二个月内作出复核决定。复审、复核期间，不停止原处理决定的执行。复核机关经审查，认定处理决定有错误的，原处理机关应当及时予以纠正。

——《中华人民共和国监察法》（2018 年 3 月 20 日第十三届全国人民代表大会第一次会议通过）第四十九条

37. 各级监察委员会接受哪些监督？

各级监察委员会应当接受本级人民代表大会及其常务委员会的监督。

各级人民代表大会常务委员会听取和审议本级监察委员会的专项工作报告，组织执法检查。

县级以上各级人民代表大会及其常务委员会举行会议时，人民代表大会代表或者常务委员会组成人员可以依照法律规定的程序，就监察工作中的有关问题提出询问或者质询。

监察机关应当依法公开监察工作信息，接受民主监督、社会监督、舆论监督。

监察机关通过设立内部专门的监督机构等方式，加强对监察人员执行职务和遵守法律情况的监督，建设忠诚、干净、担当的监察队伍。

监察人员必须模范遵守宪法和法律，忠于职守、秉公执法，清正廉洁、保守秘密；必须具有良好的政治素质，熟悉监察业务，具备运用法律、法规、政策和调查取证等能力，自觉接受监督。

——《中华人民共和国监察法》（2018年3月20日第十三届全国人民代表大会第一次会议通过）第五十三条—第五十六条

38. 监察人员应当回避的情形有哪些？

办理监察事项的监察人员有下列情形之一的，应当自行回避，监察对象、检举人及其他有关人员也有权要求其回避：

（一）是监察对象或者检举人的近亲属的；

（二）担任过本案的证人的；

（三）本人或者其近亲属与办理的监察事项有利害关系的；

（四）有可能影响监察事项公正处理的其他情形的。

——《中华人民共和国监察法》（2018年3月20日第十三届全国人民代表大会第一次会议通过）第五十八条

39. 政务处分工作的主要原则是什么？

给予公职人员政务处分，坚持党管干部原则，集体讨论决定；坚持法律面前一律平等，以事实为根据，以法律为准绳，给予的政务处分与违法行为的性质、情节、危害程度相当；坚持惩戒与教育相结合，宽严相济。

——《中华人民共和国公职人员政务处分法》（2020 年 6 月 20 日第十三届全国人民代表大会常务委员会第十九次会议通过）第四条

40. 政务处分的种类有哪些？

政务处分的种类为：

（一）警告；

（二）记过；

（三）记大过；

（四）降级；

（五）撤职；

（六）开除。

——《中华人民共和国公职人员政务处分法》（2020 年 6 月 20 日第十三届全国人民代表大会常务委员会第十九次会议通过）第七条

41. 政务处分的期间是怎样规定的?

政务处分的期间为:

(一)警告,六个月;

(二)记过,十二个月;

(三)记大过,十八个月;

(四)降级、撤职,二十四个月。

政务处分决定自作出之日起生效,政务处分期自政务处分决定生效之日起计算。

——《中华人民共和国公职人员政务处分法》(2020年6月20日第十三届全国人民代表大会常务委员会第十九次会议通过)第八条

42. 可以从轻或者减轻给予政务处分的情形有哪些?

公职人员有下列情形之一的,可以从轻或者减轻给予政务处分:

(一)主动交代本人应当受到政务处分的违法行为的;

(二)配合调查,如实说明本人违法事实的;

(三)检举他人违纪违法行为,经查证属实的;

(四)主动采取措施,有效避免、挽回损失或者消除不良影响的;

（五）在共同违法行为中起次要或者辅助作用的；

（六）主动上交或者退赔违法所得的；

（七）法律、法规规定的其他从轻或者减轻情节。

公职人员违法行为情节轻微，且具有本法第十一条规定的情形之一的，可以对其进行谈话提醒、批评教育、责令检查或者予以诫勉，免予或者不予政务处分。

公职人员因不明真相被裹挟或者被胁迫参与违法活动，经批评教育后确有悔改表现的，可以减轻、免予或者不予政务处分。

——《中华人民共和国公职人员政务处分法》（2020年6月20日第十三届全国人民代表大会常务委员会第十九次会议通过）第十一条、第十二条

43. 应当从重给予政务处分的情形有哪些?

公职人员有下列情形之一的，应当从重给予政务处分：

（一）在政务处分期内再次故意违法，应当受到政务处分的；

（二）阻止他人检举、提供证据的；

（三）串供或者伪造、隐匿、毁灭证据的；

（四）包庇同案人员的；

（五）胁迫、唆使他人实施违法行为的；

（六）拒不上交或者退赔违法所得的；

（七）法律、法规规定的其他从重情节。

——《中华人民共和国公职人员政务处分法》（2020 年 6 月 20 日第十三届全国人民代表大会常务委员会第十九次会议通过）第十三条

44. 公职人员犯罪，需予以开除的情形有哪些？

公职人员犯罪，有下列情形之一的，予以开除：

（一）因故意犯罪被判处管制、拘役或者有期徒刑以上刑罚（含宣告缓刑）的；

（二）因过失犯罪被判处有期徒刑，刑期超过二年的；

（三）因犯罪被单处或者并处剥夺政治权利的。

因过失犯罪被判处管制、拘役或者三年以下有期徒刑的，一般应当予以开除；案件情况特殊，予以撤职更为适当的，可以不予开除，但是应当报请上一级机关批准。

公职人员因犯罪被单处罚金，或者犯罪情节轻微，人民检察院依法作出不起诉决定或者人民法院依法免予刑事处罚的，予以撤职；造成不良影响的，予以开除。

——《中华人民共和国公职人员政务处分法》（2020年6月20日第十三届全国人民代表大会常务委员会第十九次会议通过）第十四条

45. 公职人员有两个以上违法行为的，如何处分？

公职人员有两个以上违法行为的，应当分别确定政务处分。应当给予两种以上政务处分的，执行其中最重的政务处分；应当给予撤职以下多个相同政务处分的，可以在一个政务处分期以上、多个政务处分期之和以下确定政务处分期，但是最长不得超过四十八个月。

——《中华人民共和国公职人员政务处分法》（2020年6月20日第十三届全国人民代表大会常务委员会第十九次会议通过）第十五条

46. 退休、离职的公职人员有违法行为，如何处理？

已经退休的公职人员退休前或者退休后有违法行为的，不再给予政务处分，但是可以对其立案调查；依法应当予以降级、撤职、开除的，应当按照规定相应调整其享受的待遇，对其违法取得的财物和用于违法行为的本人财物依照本法第二十五条的规定处理。

已经离职或者死亡的公职人员在履职期间有违法行为的，依照前款规定处理。

——《中华人民共和国公职人员政务处分法》（2020年6月20日第十三届全国人民代表大会常务委员会第十九次会议通过）第二十七条

47. 政务处分工作调查终结后，监察机关应当根据哪些不同情况，分别作出处理？

调查终结后，监察机关应当根据下列不同情况，分别作出处理：

（一）确有应受政务处分的违法行为的，根据情节轻重，按照政务处分决定权限，履行规定的审批手续后，作出政务处分决定；

（二）违法事实不能成立的，撤销案件；

（三）符合免予、不予政务处分条件的，作出免予、不予政务处分决定；

（四）被调查人涉嫌其他违法或者犯罪行为的，依法移送主管机关处理。

——《中华人民共和国公职人员政务处分法》（2020年6月20日第十三届全国人民代表大

会常务委员会第十九次会议通过）第四十四条

48. 政务处分决定书应当载明哪些事项？

决定给予政务处分的，应当制作政务处分决定书。

政务处分决定书应当载明下列事项：

（一）被处分人的姓名、工作单位和职务；

（二）违法事实和证据；

（三）政务处分的种类和依据；

（四）不服政务处分决定，申请复审、复核的途径和期限；

（五）作出政务处分决定的机关名称和日期。

政务处分决定书应当盖有作出决定的监察机关的印章。

——《中华人民共和国公职人员政务处分法》（2020年6月20日第十三届全国人民代表大会常务委员会第十九次会议通过）第四十五条

49. 参与公职人员违法案件调查、处理的人员有哪些情形应当回避？

参与公职人员违法案件调查、处理的人员有下列情形之一的，应当自行回避，被调查人、检举人及其他有关人员也有权要求其回避：

（一）是被调查人或者检举人的近亲属的；

（二）担任过本案的证人的；

（三）本人或者其近亲属与调查的案件有利害关系的；

（四）可能影响案件公正调查、处理的其他情形。

监察机关负责人的回避，由上级监察机关决定；其他参与违法案件调查、处理人员的回避，由监察机关负责人决定。

监察机关或者上级监察机关发现参与违法案件调查、处理人员有应当回避情形的，可以直接决定该人员回避。

——《中华人民共和国公职人员政务处分法》（2020年6月20日第十三届全国人民代表大会常务委员会第十九次会议通过）第四十七条、第四十八条

50. 监察官包括哪些人员？

监察官包括下列人员：

（一）各级监察委员会的主任、副主任、委员；

（二）各级监察委员会机关中的监察人员；

（三）各级监察委员会派驻或者派出到中国共产党机关、国家机关、法律法规授权或者委托管理公共事务的组织和单位以及所管辖的行政区域等的监察机构中的监察人员、监察专员；

（四）其他依法行使监察权的监察机构中的监察人员。

对各级监察委员会派驻到国有企业的监察机构工作人员、监察专员，以及国有企业中其他依法行使监察权的监察机构工作人员的监督管理，参照执行本法有关规定。

——《中华人民共和国监察官法》（2021 年 8 月 20 日第十三届全国人民代表大会常务委员会第三十次会议通过）第三条

51. 监察官受谁监督？

监察机关应当建立健全对监察官的监督制度和机制，确保权力受到严格约束。

监察官应当自觉接受组织监督和民主监督、社会监督、舆论监督。

——《中华人民共和国监察官法》（2021 年 8 月 20

日第十三届全国人民代表大会常务委员会第三十次会议通过）第七条

52. 监察官依法履行哪些职责？

监察官依法履行下列职责：

（一）对公职人员开展廉政教育；

（二）对公职人员依法履职、秉公用权、廉洁从政从业以及道德操守情况进行监督检查；

（三）对法律规定由监察机关管辖的职务违法和职务犯罪进行调查；

（四）根据监督、调查的结果，对办理的监察事项提出处置意见；

（五）开展反腐败国际合作方面的工作；

（六）法律规定的其他职责。

监察官在职权范围内对所办理的监察事项负责。

——《中华人民共和国监察官法》（2021 年 8 月 20 日第十三届全国人民代表大会常务委员会第三十次会议通过）第九条

53. 监察官应当履行哪些义务？

监察官应当履行下列义务：

（一）自觉坚持中国共产党领导，严格执行中国共产党和国家的路线方针政策、重大决策部署；

（二）模范遵守宪法和法律；

（三）维护国家和人民利益，秉公执法，勇于担当、敢于监督，坚决同腐败现象作斗争；

（四）依法保障监察对象及有关人员的合法权益；

（五）忠于职守，勤勉尽责，努力提高工作质量和效率；

（六）保守国家秘密和监察工作秘密，对履行职责中知悉的商业秘密和个人隐私、个人信息予以保密；

（七）严守纪律，恪守职业道德，模范遵守社会公德、家庭美德；

（八）自觉接受监督；

（九）法律规定的其他义务。

——《中华人民共和国监察官法》（2021 年 8 月 20 日第十三届全国人民代表大会常务委员会第三十次会议通过）第十条

54. 监察官享有哪些权利？

监察官享有下列权利：

（一）履行监察官职责应当具有的职权和工作条件；

（二）履行监察官职责应当享有的职业保障和福利待遇；

（三）人身、财产和住所安全受法律保护；

（四）提出申诉或者控告；

（五）《中华人民共和国公务员法》等法律规定的其他权利。

——《中华人民共和国监察官法》（2021年8月20日第十三届全国人民代表大会常务委员会第三十次会议通过）第十一条

55. 担任监察官应当具备哪些条件？

担任监察官应当具备下列条件：

（一）具有中华人民共和国国籍；

（二）忠于宪法，坚持中国共产党领导和社会主义制度；

（三）具有良好的政治素质、道德品行和廉洁作风；

（四）熟悉法律、法规、政策，具有履行监督、调查、处置等职责的专业知识和能力；

（五）具有正常履行职责的身体条件和心理素质；

（六）具备高等学校本科及以上学历；

（七）法律规定的其他条件。

本法施行前的监察人员不具备前款第六项规定的学历条件的，应当接受培训和考核，具体办法由国家监察委员会制定。

——《中华人民共和国监察官法》（2021 年 8 月 20 日第十三届全国人民代表大会常务委员会第三十次会议通过）第十二条

56. 监察官有哪些情形，应当免去其监察官职务？

监察官有下列情形之一的，应当免去其监察官职务：

（一）丧失中华人民共和国国籍的；

（二）职务变动不需要保留监察官职务的；

（三）退休的；

（四）辞职或者依法应当予以辞退的；

（五）因违纪违法被调离或者开除的；

（六）法律规定的其他情形。

——《中华人民共和国监察官法》（2021 年 8 月 20 日第十三届全国人民代表大会常务委员会第三十次会议通过）第二十一条

57. 监察官等级分为多少级？

监察官等级分为十三级，依次为总监察官、一级副总监察官、二级副总监察官，一级高级监察官、二级高级监察官、三级高级监察官、四级高级监察官，一级监察官、二级监察官、三级监察官、四级监察官、五级监察官、六级监察官。

国家监察委员会主任为总监察官。

——《中华人民共和国监察官法》（2021 年 8 月 20 日第十三届全国人民代表大会常务委员会第三十次会议通过）第二十五条、第二十六条

58. 什么是故意犯罪？

明知自己的行为会发生危害社会的结果，并且希望或者放任这种结果发生，因而构成犯罪的，是故意犯罪。

故意犯罪，应当负刑事责任。

——《中华人民共和国刑法》（2023 年 12 月 29 日修正）第十四条

59. 什么是过失犯罪？

应当预见自己的行为可能发生危害社会的结果，因为疏忽大意而没有预见，或者已经预见而轻信能够避免，以致发生这种结果的，是过失犯罪。

过失犯罪，法律有规定的才负刑事责任。

——《中华人民共和国刑法》（2023 年 12 月 29 日修正）第十五条

60. 不负刑事责任的情形有哪些？

为了使国家、公共利益、本人或者他人的人身、财产和其他权利免受正在进行的不法侵害，而采取的制止不法侵害的行为，对不法侵害人造成损害的，属于正当防卫，不负刑事责任。

对正在进行行凶、杀人、抢劫、强奸、绑架以及其他严重危及人身安全的暴力犯罪，采取防卫行为，造成不法侵害人伤亡的，不属于防卫过当，不负刑事责任。

为了使国家、公共利益、本人或者他人的人身、财产和其他权利免受正在发生的危险，不得已采取的紧急避险行为，造成损害的，不负刑事责任。

——《中华人民共和国刑法》（2023 年 12 月 29 日修正）第二十条第一款、第三款，第二十一条第一款

61. 什么是犯罪预备？

为了犯罪，准备工具、制造条件的，是犯罪预备。

对于预备犯，可以比照既遂犯从轻、减轻处罚或者免除处罚。

——《中华人民共和国刑法》（2023 年 12 月 29 日修正）第二十二条

62. 什么是犯罪未遂？

已经着手实行犯罪，由于犯罪分子意志以外的原因而未得逞的，是犯罪未遂。

对于未遂犯，可以比照既遂犯从轻或者减轻处罚。

——《中华人民共和国刑法》（2023 年 12 月 29 日修正）第二十三条

63. 什么是犯罪中止？

在犯罪过程中，自动放弃犯罪或者自动有效地防止犯罪结果发生的，是犯罪中止。

对于中止犯，没有造成损害的，应当免除处罚；造成损害的，应当减轻处罚。

——《中华人民共和国刑法》（2023 年 12 月 29 日修正）第二十四条

64. 什么是共同犯罪？

共同犯罪是指二人以上共同故意犯罪。

二人以上共同过失犯罪，不以共同犯罪论处；应当负刑事责任的，按照他们所犯的罪分别处罚。

——《中华人民共和国刑法》（2023 年 12 月 29 日修正）第二十五条

65. 刑罚的分类有哪些？

刑罚分为主刑和附加刑。

主刑的种类如下：

（一）管制；

（二）拘役；

（三）有期徒刑；

（四）无期徒刑；

（五）死刑。

附加刑的种类如下：

（一）罚金；

（二）剥夺政治权利；

（三）没收财产。

附加刑也可以独立适用。

——《中华人民共和国刑法》（2023 年 12 月 29 日

修正）第三十二条—第三十四条

66. 管制的期限是怎样规定的？

管制的期限，为三个月以上二年以下。

管制的刑期，从判决执行之日起计算；判决执行以前先行羁押的，羁押一日折抵刑期二日。

——《中华人民共和国刑法》（2023 年 12 月 29 日修正）第三十八条第一款、第四十一条

67. 拘役的期限是怎样规定的？

拘役的期限，为一个月以上六个月以下。

拘役的刑期，从判决执行之日起计算；判决执行以前先行羁押的，羁押一日折抵刑期一日。

——《中华人民共和国刑法》（2023 年 12 月 29 日修正）第四十二条、第四十四条

68. 剥夺政治权利是指剥夺哪些权利？

剥夺政治权利是剥夺下列权利：

（一）选举权和被选举权；

（二）言论、出版、集会、结社、游行、示威自由的权利；

（三）担任国家机关职务的权利；

（四）担任国有公司、企业、事业单位和人民团体领导职务的权利。

——《中华人民共和国刑法》（2023 年 12 月 29 日修正）第五十四条

69. 什么是自首？

犯罪以后自动投案，如实供述自己的罪行的，是自首。对于自首的犯罪分子，可以从轻或者减轻处罚。其中，犯罪较轻的，可以免除处罚。

被采取强制措施的犯罪嫌疑人、被告人和正在服刑的罪犯，如实供述司法机关还未掌握的本人其他罪行的，以自首论。

犯罪嫌疑人虽不具有前两款规定的自首情节，但是如实供述自己罪行的，可以从轻处罚；因其如实供述自己罪行，避免特别严重后果发生的，可以减轻处罚。

——《中华人民共和国刑法》（2023 年 12 月 29 日修正）第六十七条

70. 犯罪追溯期限是怎样规定的？

犯罪经过下列期限不再追诉：

（一）法定最高刑为不满五年有期徒刑的，经过五年；

（二）法定最高刑为五年以上不满十年有期徒刑的，经过十年；

（三）法定最高刑为十年以上有期徒刑的，经过十五年；

（四）法定最高刑为无期徒刑、死刑的，经过二十年。如果二十年以后认为必须追诉的，须报请最高人民检察院核准。

在人民检察院、公安机关、国家安全机关立案侦查或者在人民法院受理案件以后，逃避侦查或者审判的，不受追诉期限的限制。

被害人在追诉期限内提出控告，人民法院、人民检察院、公安机关应当立案而不予立案的，不受追诉期限的限制。

追诉期限从犯罪之日起计算；犯罪行为有连续或者继续状态的，从犯罪行为终了之日起计算。

在追诉期限以内又犯罪的，前罪追诉的期限从犯后罪之日起计算。

——《中华人民共和国刑法》（2023 年 12 月 29 日修正）第八十七条—第八十九条

71. 什么是贪污罪？

国家工作人员利用职务上的便利，侵吞、窃取、骗取或者以其他手段非法占有公共财物的，是贪污罪。

受国家机关、国有公司、企业、事业单位、人民团体委托管理、经营国有财产的人员，利用职务上的便利，侵吞、窃取、骗取或者以其他手段非法占有国有财物的，以贪污论。

与前两款所列人员勾结，伙同贪污的，以共犯论处。

——《中华人民共和国刑法》（2023 年 12 月 29 日修正）第三百八十二条

72. 什么是受贿罪？

国家工作人员利用职务上的便利，索取他人财物的，或者非法收受他人财物，为他人谋取利益的，是受贿罪。

国家工作人员在经济往来中，违反国家规定，收受各种名义的回扣、手续费，归个人所有的，以受贿论处。

国家工作人员利用本人职权或者地位形成的便利条件，通过其他国家工作人员职务上的行为，为请托人谋取不正当利益，索取请托人财物或者收受请托人财物的，以受贿论处。

——《中华人民共和国刑法》（2023 年 12 月 29 日修正）第三百八十五条、第三百八十八条

73. 什么是行贿罪？

为谋取不正当利益，给予国家工作人员以财物的，是行贿罪。

在经济往来中，违反国家规定，给予国家工作人员以财物，数额较大的，或者违反国家规定，给予国家工作人员以各种名义的回扣、手续费的，以行贿论处。

因被勒索给予国家工作人员以财物，没有获得不正当利益的，不是行贿。

——《中华人民共和国刑法》（2023 年 12 月 29 日修正）第三百八十九条

74. 刑事案件中，不追究刑事责任的情形有哪些？

有下列情形之一的，不追究刑事责任，已经追究的，应当撤销案件，或者不起诉，或者终止审理，或者宣告无罪：

（一）情节显著轻微、危害不大，不认为是犯罪的；

（二）犯罪已过追诉时效期限的；

（三）经特赦令免除刑罚的；

（四）依照刑法告诉才处理的犯罪，没有告诉或者撤回告诉的；

（五）犯罪嫌疑人、被告人死亡的；

（六）其他法律规定免予追究刑事责任的。

——《中华人民共和国刑事诉讼法》（2018 年 10 月 26 日第三次修正）第十六条

75. 刑事案件中，审判人员、检察人员等人员有哪些情形应当回避？

审判人员、检察人员、侦查人员有下列情形之一的，应当自行回避，当事人及其法定代理人也有权要求他们回避：

（一）是本案的当事人或者是当事人的近亲属的；

（二）本人或者他的近亲属和本案有利害关系的；

（三）担任过本案的证人、鉴定人、辩护人、诉讼代理人的；

（四）与本案当事人有其他关系，可能影响公正处理案件的。

——《中华人民共和国刑事诉讼法》（2018 年 10 月 26 日第三次修正）第二十九条

76. 刑事案件中，哪些材料可以作为证据使用？

可以用于证明案件事实的材料，都是证据。

证据包括：

（一）物证；

（二）书证；

（三）证人证言；

（四）被害人陈述；

（五）犯罪嫌疑人、被告人供述和辩解；

（六）鉴定意见；

（七）勘验、检查、辨认、侦查实验等笔录；

（八）视听资料、电子数据。

证据必须经过查证属实，才能作为定案的根据。

——《中华人民共和国刑事诉讼法》（2018 年 10 月 26 日第三次修正）第五十条

77. 刑事案件中，证据确实、充分，应符合哪些条件？

对一切案件的判处都要重证据，重调查研究，不轻信口供。只有被告人供述，没有其他证据的，不能认定被告人有罪和处以刑罚；没有被告人供述，证据确实、充分的，可以认定被告人有罪和处以刑罚。

证据确实、充分，应当符合以下条件：

（一）定罪量刑的事实都有证据证明；

（二）据以定案的证据均经法定程序查证属实；

（三）综合全案证据，对所认定事实已排除合理怀疑。

——《中华人民共和国刑事诉讼法》（2018 年 10 月 26 日第三次修正）第五十五条

78. 刑事案件中，“侦查”的含意是什么？

“侦查”是指公安机关、人民检察院对于刑事案件，依照法律进行的收集证据、查明案情的工作和有关的强制性措施。

——《中华人民共和国刑事诉讼法》（2018 年 10 月 26 日第三次修正）第一百零八条第（一）项

79. 刑事案件中，“当事人”的含意是什么？

“当事人”是指被害人、自诉人、犯罪嫌疑人、被告人、附带民事诉讼的原告人和被告人。

——《中华人民共和国刑事诉讼法》（2018 年 10 月 26 日第三次修正）第一百零八条第（二）项

80. 刑事案件中，“法定代理人”的含意是什么？

“法定代理人”是指被代理人的父母、养父母、监护人和负有保护责任的机关、团体的代表。

——《中华人民共和国刑事诉讼法》（2018 年 10 月 26 日第三次修正）第一百零八条第（三）项

81. 刑事案件中，“诉讼参与人”的含意是什么？

“诉讼参与人”是指当事人、法定代理人、诉讼代理人、辩护人、证人、鉴定人和翻译人员。

——《中华人民共和国刑事诉讼法》（2018 年 10 月 26 日第三次修正）第一百零八条第（四）项

82. 刑事案件中，“诉讼代理人”的含意是什么？

“诉讼代理人”是指公诉案件的被害人及其法定代理人或者近亲属、自诉案件的自诉人及其法定代理人委托代为参加诉讼的人和附带民事诉讼的当事人及其法定代理人委托代为参加诉讼的人。

——《中华人民共和国刑事诉讼法》（2018 年 10 月 26 日第三次修正）第一百零八条第（五）项

83. 刑事案件中，“近亲属”的含意是什么？

“近亲属”是指夫、妻、父、母、子、女、同胞兄弟姊妹。

——《中华人民共和国刑事诉讼法》（2018 年 10 月 26 日第三次修正）第一百零八条第（六）项

84. 民事主体从事民事活动，应当遵循哪些原则？

民事主体从事民事活动，应当遵循自愿原则，按照自己的意思设立、变更、终止民事法律关系。

民事主体从事民事活动，应当遵循公平原则，合理确定各方的权利和义务。

民事主体从事民事活动，应当遵循诚信原则，秉持诚实，恪守承诺。

——《中华人民共和国民法典》（2020 年 5 月 28 日第十三届全国人民代表大会第三次会议通过）第五条—第七条

85. 公务员应当具备哪些条件？

公务员应当具备下列条件：

（一）具有中华人民共和国国籍；

（二）年满十八周岁；

（三）拥护中华人民共和国宪法，拥护中国共产党领导和社会主义制度；

（四）具有良好的政治素质和道德品行；

（五）具有正常履行职责的身体条件和心理素质；

（六）具有符合职位要求的文化程度和工作能力；

（七）法律规定的其他条件。

——《中华人民共和国公务员法》（2018 年 12 月 29 日第十三届全国人民代表大会常务委员会第七次会议修订）第十三条

86. 公务员应当履行哪些义务？

公务员应当履行下列义务：

（一）忠于宪法，模范遵守、自觉维护宪法和法律，自觉接受中国共产党领导；

（二）忠于国家，维护国家的安全、荣誉和利益；

（三）忠于人民，全心全意为人民服务，接受人民监督；

（四）忠于职守，勤勉尽责，服从和执行上级依法作出的决定和命令，按照规定的权限和程序履行职责，努力提高工作质量和效率；

（五）保守国家秘密和工作秘密；

（六）带头践行社会主义核心价值观，坚守法治，遵守纪律，恪守职业道德，模范遵守社会公德、家庭美德；

（七）清正廉洁，公道正派；

（八）法律规定的其他义务。

——《中华人民共和国公务员法》（2018 年 12 月 29 日第十三届全国人民代表大会常务委员会第七次会议修订）第十四条

87. 公务员享有哪些权利？

公务员享有下列权利：

（一）获得履行职责应当具有的工作条件；

（二）非因法定事由、非经法定程序，不被免职、降职、辞退或者处分；

（三）获得工资报酬，享受福利、保险待遇；

（四）参加培训；

（五）对机关工作和领导人员提出批评和建议；

（六）提出申诉和控告；

（七）申请辞职；

（八）法律规定的其他权利。

——《中华人民共和国公务员法》（2018 年 12 月 29

日第十三届全国人民代表大会常务委员会第七次会议修订）第十五条

88. 公务员的职务与职级并行是如何规定的？

国家实行公务员职务与职级并行制度，根据公务员职位类别和职责设置公务员领导职务、职级序列。

公务员领导职务根据宪法、有关法律和机构规格设置。

领导职务层次分为：国家级正职、国家级副职、省部级正职、省部级副职、厅局级正职、厅局级副职、县处级正职、县处级副职、乡科级正职、乡科级副职。

公务员职级在厅局级以下设置。

综合管理类公务员职级序列分为：一级巡视员、二级巡视员、一级调研员、二级调研员、三级调研员、四级调研员、一级主任科员、二级主任科员、三级主任科员、四级主任科员、一级科员、二级科员。

综合管理类以外其他职位类别公务员的职级序列，根据本法由国家另行规定。

——《中华人民共和国公务员法》（2018 年 12 月 29 日第十三届全国人民代表大会常务委员会第七次会议修订）第十七条—第十九条

89. 哪些人员不得录用为公务员？

下列人员不得录用为公务员：

（一）因犯罪受过刑事处罚的；

（二）被开除中国共产党党籍的；

（三）被开除公职的；

（四）被依法列为失信联合惩戒对象的；

（五）有法律规定不得录用为公务员的其他情形的。

——《中华人民共和国公务员法》（2018 年 12 月 29 日第十三届全国人民代表大会常务委员会第七次会议修订）第二十六条

90. 对公务员如何进行考核？

公务员的考核应当按照管理权限，全面考核公务员的德、能、勤、绩、廉，重点考核政治素质和工作实绩。考核指标根据不同职位类别、不同层级机关分别设置。

公务员的考核分为平时考核、专项考核和定期考核等方式。定期考核以平时考核、专项考核为基础。

非领导成员公务员的定期考核采取年度考核的方式。先由个人按照职位职责和有关要求进行总结，主管领导在听取群众意见后，提出考核等次建议，由本机关负责人或者授权的考核委员会确定考核等次。

领导成员的考核由主管机关按照有关规定办理。

定期考核的结果分为优秀、称职、基本称职和不称职四个等次。

定期考核的结果应当以书面形式通知公务员本人。

定期考核的结果作为调整公务员职位、职务、职级、级别、工资以及公务员奖励、培训、辞退的依据。

——《中华人民共和国公务员法》（2018 年 12 月 29 日第十三届全国人民代表大会常务委员会第七次会议修订）第三十五条—第三十九条

91. 公务员晋升领导职务有哪些程序？

公务员晋升领导职务，按照下列程序办理：

（一）动议；

（二）民主推荐；

（三）确定考察对象，组织考察；

（四）按照管理权限讨论决定；

（五）履行任职手续。

——《中华人民共和国公务员法》（2018 年 12 月 29 日第十三届全国人民代表大会常务委员会第七次会议修订）第四十六条

92. 公务员或者公务员集体有哪些情形，应给予奖励？

公务员或者公务员集体有下列情形之一的，给予奖励：

（一）忠于职守，积极工作，勇于担当，工作实绩显著的；

（二）遵纪守法，廉洁奉公，作风正派，办事公道，模范作用突出的；

（三）在工作中有发明创造或者提出合理化建议，取得显著经济效益或者社会效益的；

（四）为增进民族团结，维护社会稳定做出突出贡献的；

（五）爱护公共财产，节约国家资财有突出成绩的；

（六）防止或者消除事故有功，使国家和人民群众利益免受或者减少损失的；

（七）在抢险、救灾等特定环境中做出突出贡献的；

（八）同违纪违法行为作斗争有功绩的；

（九）在对外交往中为国家争得荣誉和利益的；

（十）有其他突出功绩的。

——《中华人民共和国公务员法》（2018 年 12 月 29 日第十三届全国人民代表大会常务委员会第七次会议修订）第五十二条

93. 对公务员奖励都包含什么？

奖励分为：嘉奖、记三等功、记二等功、记一等功、授予称号。

对受奖励的公务员或者公务员集体予以表彰，并对受奖励的个人给予一次性奖金或者其他待遇。

——《中华人民共和国公务员法》（2018 年 12 月 29 日第十三届全国人民代表大会常务委员会第七次会议修订）第五十三条

94. 对公务员的处分种类有哪些？

处分分为：警告、记过、记大过、降级、撤职、开除。

——《中华人民共和国公务员法》（2018 年 12 月 29 日第十三届全国人民代表大会常务委员会第七次会议修订）第六十二条

95. 公务员在受处分期间有什么影响？

公务员在受处分期间不得晋升职务、职级和级别，其中受记过、记大过、降级、撤职处分的，不得晋升工资档次。

受处分的期间为：警告，六个月；记过，十二个月；记大过，十八个月；降级、撤职，二十四个月。

受撤职处分的，按照规定降低级别。

——《中华人民共和国公务员法》（2018 年 12 月 29 日第十三届全国人民代表大会常务委员会第七次会议修订）第六十四条

96. 公务员被解除处分后，晋升工资档次、级别等是否会受原处分影响？

公务员受开除以外的处分，在受处分期间有悔改表现，并且没有再发生违纪违法行为的，处分期满后自动解除。

解除处分后，晋升工资档次、级别和职务、职级不再受原处分的影响。但是，解除降级、撤职处分的，不视为恢复原级别、原职务、原职级。

——《中华人民共和国公务员法》（2018 年 12 月 29 日第十三届全国人民代表大会常务委员会第七次会议修订）第六十五条

97. 公务员执行公务时有哪些情形，应当回避？

公务员执行公务时，有下列情形之一的，应当回避：

（一）涉及本人利害关系的；

（二）涉及与本人有本法第七十四条第一款所列亲

属关系人员的利害关系的；

（三）其他可能影响公正执行公务的。

——《中华人民共和国公务员法》（2018 年 12 月 29 日第十三届全国人民代表大会常务委员会第七次会议修订）第七十六条

98. 公务员辞去公职的程序是什么？

公务员辞去公职，应当向任免机关提出书面申请。任免机关应当自接到申请之日起三十日内予以审批，其中对领导成员辞去公职的申请，应当自接到申请之日起九十日内予以审批。

——《中华人民共和国公务员法》（2018 年 12 月 29 日第十三届全国人民代表大会常务委员会第七次会议修订）第八十五条

99. 公务员不得辞去公职的情形有哪些？

公务员有下列情形之一的，不得辞去公职：

（一）未满国家规定的最低服务年限的；

（二）在涉及国家秘密等特殊职位任职或者离开上述职位不满国家规定的脱密期限的；

（三）重要公务尚未处理完毕，且须由本人继续处理的；

（四）正在接受审计、纪律审查、监察调查，或者涉嫌犯罪，司法程序尚未终结的；

（五）法律、行政法规规定的其他不得辞去公职的情形。

——《中华人民共和国公务员法》（2018 年 12 月 29 日第十三届全国人民代表大会常务委员会第七次会议修订）第八十六条

100. 担任领导职务的公务员辞职，一般有哪几种情况？

担任领导职务的公务员，因工作变动依照法律规定需要辞去现任职务的，应当履行辞职手续。

担任领导职务的公务员，因个人或者其他原因，可以自愿提出辞去领导职务。

领导成员因工作严重失误、失职造成重大损失或者恶劣社会影响的，或者对重大事故负有领导责任的，应当引咎辞去领导职务。

领导成员因其他原因不再适合担任现任领导职务的，或者应当引咎辞职本人不提出辞职的，应当责令其辞去领导职务。

——《中华人民共和国公务员法》（2018 年 12 月 29 日第十三届全国人民代表大会常务委员会第七次会议修订）第八十七条

101. 公务员被辞退的情形有哪些？

公务员有下列情形之一的，予以辞退：

（一）在年度考核中，连续两年被确定为不称职的；

（二）不胜任现职工作，又不接受其他安排的；

（三）因所在机关调整、撤销、合并或者缩减编制员额需要调整工作，本人拒绝合理安排的；

（四）不履行公务员义务，不遵守法律和公务员纪律，经教育仍无转变，不适合继续在机关工作，又不宜给予开除处分的；

（五）旷工或者因公外出、请假期满无正当理由逾期不归连续超过十五天，或者一年内累计超过三十天的。

——《中华人民共和国公务员法》（2018 年 12 月 29 日第十三届全国人民代表大会常务委员会第七次会议修订）第八十八条

102. 公务员不得被辞退的情形有哪些？

对有下列情形之一的公务员，不得辞退：

（一）因公致残，被确认丧失或者部分丧失工作能力的；

（二）患病或者负伤，在规定的医疗期内的；

（三）女性公务员在孕期、产假、哺乳期内的；

（四）法律、行政法规规定的其他不得辞退的情形。

——《中华人民共和国公务员法》（2018 年 12 月 29 日第十三届全国人民代表大会常务委员会第七次会议修订）第八十九条

103. 公务员对涉及本人的人事处理不服的，如何申诉？

公务员对涉及本人的下列人事处理不服的，可以自知道该人事处理之日起三十日内向原处理机关申请复核；对复核结果不服的，可以自接到复核决定之日起十五日内，按照规定向同级公务员主管部门或者作出该人事处理的机关的上一级机关提出申诉；也可以不经复核，自知道该人事处理之日起三十日内直接提出申诉：

（一）处分；

（二）辞退或者取消录用；

（三）降职；

（四）定期考核定为不称职；

（五）免职；

（六）申请辞职、提前退休未予批准；

（七）不按照规定确定或者扣减工资、福利、保险待遇；

（八）法律、法规规定可以申诉的其他情形。

对省级以下机关作出的申诉处理决定不服的，可以向作出处理决定的上一级机关提出再申诉。

受理公务员申诉的机关应当组成公务员申诉公正委员会，负责受理和审理公务员的申诉案件。

公务员对监察机关作出的涉及本人的处理决定不服向监察机关申请复审、复核的，按照有关规定办理。

——《中华人民共和国公务员法》（2018 年 12 月 29 日第十三届全国人民代表大会常务委员会第七次会议修订）第九十五条

104. 国家秘密都包括什么？

下列涉及国家安全和利益的事项，泄露后可能损害国家在政治、经济、国防、外交等领域的安全和利益的，应当确定为国家秘密：

（一）国家事务重大决策中的秘密事项；

（二）国防建设和武装力量活动中的秘密事项；

（三）外交和外事活动中的秘密事项以及对外承担保密义务的秘密事项；

（四）国民经济和社会发展中的秘密事项；

（五）科学技术中的秘密事项；

（六）维护国家安全活动和追查刑事犯罪中的秘密事项；

（七）经国家保密行政管理部门确定的其他秘密事项。

政党的秘密事项中符合前款规定的，属于国家秘密。

——《中华人民共和国保守国家秘密法》（2024 年 2 月 27 日第二次修订）第十三条

105. 国家秘密的密级是如何划分的？

国家秘密的密级分为绝密、机密、秘密三级。

绝密级国家秘密是最重要的国家秘密，泄露会使国家安全和利益遭受特别严重的损害；机密级国家秘密是重要的国家秘密，泄露会使国家安全和利益遭受严重的损害；秘密级国家秘密是一般的国家秘密，泄露会使国家安全和利益遭受损害。

——《中华人民共和国保守国家秘密法》（2024 年 2 月 27 日第二次修订）第十四条

106. 国家秘密的保密期限是怎样规定的?

国家秘密的保密期限，应当根据事项的性质和特点，按照维护国家安全和利益的需要，限定在必要的期限内；不能确定期限的，应当确定解密的条件。

国家秘密的保密期限，除另有规定外，绝密级不超过三十年，机密级不超过二十年，秘密级不超过十年。

机关、单位应当根据工作需要，确定具体的保密期限、解密时间或者解密条件。

机关、单位对在决定和处理有关事项工作过程中确定需要保密的事项，根据工作需要决定公开的，正式公布时即视为解密。

——《中华人民共和国保守国家秘密法》(2024 年 2 月 27 日第二次修订) 第二十条

107. 国家秘密的知悉范围是怎样规定的?

国家秘密的知悉范围，应当根据工作需要限定在最小范围。

国家秘密的知悉范围能够限定到具体人员的，限定到具体人员；不能限定到具体人员的，限定到机关、单位，由该机关、单位限定到具体人员。

国家秘密的知悉范围以外的人员，因工作需要知悉国家秘密的，应当经过机关、单位主要负责人或者其指定的人员批准。原定密机关、单位对扩大国家秘密的知悉范围有明确规定的，应当遵守其规定。

——《中华人民共和国保守国家秘密法》（2024年2月27日第二次修订）第二十一条

108. 对涉密信息系统的管理，有哪些禁止性行为？

机关、单位应当加强对信息系统、信息设备的保密管理，建设保密自监管设施，及时发现并处置安全保密风险隐患。任何组织和个人不得有下列行为：

（一）未按照国家保密规定和标准采取有效保密措施，将涉密信息系统、涉密信息设备接入互联网及其他公共信息网络；

（二）未按照国家保密规定和标准采取有效保密措施，在涉密信息系统、涉密信息设备与互联网及其他公共信息网络之间进行信息交换；

（三）使用非涉密信息系统、非涉密信息设备存储或者处理国家秘密；

（四）擅自卸载、修改涉密信息系统的安全技术程序、管理程序；

（五）将未经安全技术处理的退出使用的涉密信息

设备赠送、出售、丢弃或者改作其他用途；

（六）其他违反信息系统、信息设备保密规定的行为。

——《中华人民共和国保守国家秘密法》（2024年2月27日第二次修订）第三十一条

109. 监察机关负责调查哪些职务违法行为？

监察机关负责调查的职务违法是指公职人员实施的与其职务相关联，虽不构成犯罪但依法应当承担法律责任的下列违法行为：

（一）利用职权实施的违法行为；

（二）利用职务上的影响实施的违法行为；

（三）履行职责不力、失职失责的违法行为；

（四）其他违反与公职人员职务相关的特定义务的违法行为。

——《中华人民共和国监察法实施条例》（2021年9月20日）第二十三条

110. 监察机关依法调查的涉嫌贪污贿赂犯罪都包括什么？

监察机关依法调查涉嫌贪污贿赂犯罪，包括贪污罪，挪用公款罪，受贿罪，单位受贿罪，利用影响力受贿罪，行贿罪，对有影响力的人行贿罪，对单位行贿罪，介绍贿赂罪，单位行贿罪，巨额财产来源不明罪，隐瞒境外存款罪，私分国有资产罪，私分罚没财物罪，以及公职人员在行使公权力过程中实施的职务侵占罪，挪用资金罪，对外国公职人员、国际公共组织官员行贿罪，非国家工作人员受贿罪和相关联的对非国家工作人员行贿罪。

——《中华人民共和国监察法实施条例》（2021 年 9 月 20 日）第二十六条

111. 监察机关依法调查公职人员涉嫌滥用职权犯罪都包括什么？

监察机关依法调查公职人员涉嫌滥用职权犯罪，包括滥用职权罪，国有公司、企业、事业单位人员滥用职权罪，滥用管理公司、证券职权罪，食品、药品监管渎职罪，故意泄露国家秘密罪，报复陷害罪，阻碍解救被拐卖、绑架妇女、儿童罪，帮助犯罪分子逃避处罚罪，违法发放林木采伐许可证罪，办理偷越国（边）境人员出入境证件罪，放行偷越国（边）境人员罪，挪用特定款物罪，非法剥夺公民宗教信仰自由罪，侵犯少数民族风俗习惯罪，打击报复会计、统计人员罪，以及司法工作人员以外的公职人员利用职权实施的非法拘禁罪、虐待被监管人罪、非法搜查罪。

——《中华人民共和国监察法实施条例》（2021 年 9 月 20 日）第二十七条

112. 监察机关依法调查公职人员涉嫌玩忽职守犯罪都包括什么？

监察机关依法调查公职人员涉嫌玩忽职守犯罪，包括玩忽职守罪，国有公司、企业、事业单位人员失职罪，签订、履行合同失职被骗罪，国家机关工作人员签订、履行合同失职被骗罪，环境监管失职罪，传染病防治失职罪，商检失职罪，动植物检疫失职罪，不解救被拐卖、绑架妇女、儿童罪，失职造成珍贵文物损毁、流失罪，过失泄露国家秘密罪。

——《中华人民共和国监察法实施条例》（2021 年 9 月 20 日）第二十八条

113. 监察机关依法调查公职人员涉嫌徇私舞弊犯罪都包括什么？

监察机关依法调查公职人员涉嫌徇私舞弊犯罪，

包括徇私舞弊低价折股、出售公司、企业资产罪*，非法批准征收、征用、占用土地罪，非法低价出让国有土地使用权罪，非法经营同类营业罪，为亲友非法牟利罪，枉法仲裁罪，徇私舞弊发售发票、抵扣税款、出口退税罪，商检徇私舞弊罪，动植物检疫徇私舞弊罪，放纵走私罪，放纵制售伪劣商品犯罪行为罪，招收公务员、学生徇私舞弊罪，徇私舞弊不移交刑事案件罪，违法提供出口退税凭证罪，徇私舞弊不征、少征税款罪。

——《中华人民共和国监察法实施条例》（2021年9月20日）第二十九条

114. 监察机关依法调查公职人员在行使公权力过程中涉及的重大责任事故犯罪都包括什么？

监察机关依法调查公职人员在行使公权力过程中涉及的重大责任事故犯罪，包括重大责任事故罪，教育设施重大安全事故罪，消防责任事故罪，重大劳动安全事故罪，强令、组织他人违章冒险作业罪，危险作业罪，不报、谎报安全事故罪，铁路运营安全事故罪，重大飞

* 此处依据《中华人民共和国刑法修正案（十二）》及《〈中华人民共和国刑法〉确定罪名的补充规定（八）》相关规定，作了修改。

行事故罪，大型群众性活动重大安全事故罪，危险物品肇事罪，工程重大安全事故罪。

——《中华人民共和国监察法实施条例》（2021 年 9 月 20 日）第三十条

115. 监察机关依法调查公职人员在行使公权力过程中涉及的其他犯罪都包括什么?

监察机关依法调查公职人员在行使公权力过程中涉及的其他犯罪，包括破坏选举罪，背信损害上市公司利益罪，金融工作人员购买假币、以假币换取货币罪，利用未公开信息交易罪，诱骗投资者买卖证券、期货合约罪，背信运用受托财产罪，违法运用资金罪，违法发放贷款罪，吸收客户资金不入账罪，违规出具金融票证罪，对违法票据承兑、付款、保证罪，非法转让、倒卖土地使用权罪，私自开拆、隐匿、毁弃邮件、电报罪，故意延误投递邮件罪，泄露不应公开的案件信息罪，披露、报道不应公开的案件信息罪，接送不合格兵员罪。

——《中华人民共和国监察法实施条例》（2021 年 9 月 20 日）第三十一条

116. 上级监察机关可以依法提级管辖案件的情形有哪些？

上级监察机关对于下一级监察机关管辖范围内的职务违法和职务犯罪案件，具有下列情形之一的，可以依法提级管辖：

（一）在本辖区有重大影响的；

（二）涉及多个下级监察机关管辖的监察对象，调查难度大的；

（三）其他需要提级管辖的重大、复杂案件。

上级监察机关对于所辖各级监察机关管辖范围内有重大影响的案件，必要时可以依法直接调查或者组织、指挥、参与调查。

地方各级监察机关所管辖的职务违法和职务犯罪案件，具有第一款规定情形的，可以依法报请上一级监察机关管辖。

——《中华人民共和国监察法实施条例》（2021年9月20日）第四十七条

117. 什么是国家安全？

国家安全是指国家政权、主权、统一和领土完整、人民福祉、经济社会可持续发展和国家其他重大利益相对处于没有危险和不受内外威胁的状态，以及保障持续安全状态的能力。

——《中华人民共和国国家安全法》（2015年7月1日第十二届全国人民代表大会常务委员会第十五次会议通过）第二条

118. 全民国家安全教育日是哪一天？

每年4月15日为全民国家安全教育日。

——《中华人民共和国国家安全法》（2015年7月1日第十二届全国人民代表大会常务委员会第十五次会议通过）第十四条

119. 公民和组织应当履行哪些维护国家安全的义务？

公民和组织应当履行下列维护国家安全的义务：

（一）遵守宪法、法律法规关于国家安全的有关规定；

（二）及时报告危害国家安全活动的线索；

（三）如实提供所知悉的涉及危害国家安全活动的证据；

（四）为国家安全工作提供便利条件或者其他协助；

（五）向国家安全机关、公安机关和有关军事机关提供必要的支持和协助；

（六）保守所知悉的国家秘密；

（七）法律、行政法规规定的其他义务。

任何个人和组织不得有危害国家安全的行为，不得向危害国家安全的个人或者组织提供任何资助或者协助。

——《中华人民共和国国家安全法》（2015 年 7 月 1 日第十二届全国人民代表大会常务委员会第十五次会议通过）第七十七条

120. 什么是网络？

网络，是指由计算机或者其他信息终端及相关设备组成的按照一定的规则和程序对信息进行收集、存储、传输、交换、处理的系统。

——《中华人民共和国网络安全法》（2016 年 11 月 7 日第十二届全国人民代表大会常务委员会第二十四次会议通过）第七十六条第（一）项

121. 什么是网络安全？

网络安全，是指通过采取必要措施，防范对网络的攻击、侵入、干扰、破坏和非法使用以及意外事故，使网络处于稳定可靠运行的状态，以及保障网络数据的完整性、保密性、可用性的能力。

——《中华人民共和国网络安全法》（2016 年 11 月 7 日第十二届全国人民代表大会常务委员会第二十四次会议通过）第七十六条第（二）项

122. 什么是网络运营者？

网络运营者，是指网络的所有者、管理者和网络服务提供者。

——《中华人民共和国网络安全法》（2016 年 11 月 7 日第十二届全国人民代表大会常务委员会第二十四次会议通过）第七十六条第（三）项

123. 什么是网络数据？

网络数据，是指通过网络收集、存储、传输、处理和产生的各种电子数据。

——《中华人民共和国网络安全法》（2016 年 11 月 7 日第十二届全国人民代表大会常务委员会第二十四次会议通过）第七十六条第（四）项

124. 什么是个人信息？

个人信息，是指以电子或者其他方式记录的能够单独或者与其他信息结合识别自然人个人身份的各种信息，包括但不限于自然人的姓名、出生日期、身份证件号码、个人生物识别信息、住址、电话号码等。

——《中华人民共和国网络安全法》（2016 年 11 月 7 日第十二届全国人民代表大会常务委员会第二十四次会议通过）第七十六条第（五）项

125. 网络安全事件发生的风险增大时，省级以上人民政府有关部门应采取哪些措施？

网络安全事件发生的风险增大时，省级以上人民政府有关部门应当按照规定的权限和程序，并根据网络安全风险的特点和可能造成的危害，采取下列措施：

（一）要求有关部门、机构和人员及时收集、报告有关信息，加强对网络安全风险的监测；

（二）组织有关部门、机构和专业人员，对网络安全风险信息进行分析评估，预测事件发生的可能性、影响范围和危害程度；

（三）向社会发布网络安全风险预警，发布避免、减轻危害的措施。

——《中华人民共和国网络安全法》（2016 年 11 月 7 日第十二届全国人民代表大会常务委员会第二十四次会议通过）第五十四条

126. 发生网络安全事件，应当怎么做？

发生网络安全事件，应当立即启动网络安全事件应急预案，对网络安全事件进行调查和评估，要求网络运营者采取技术措施和其他必要措施，消除安全隐患，防止危害扩大，并及时向社会发布与公众有关的警示信息。

——《中华人民共和国网络安全法》（2016 年 11 月 7 日第十二届全国人民代表大会常务委员会第二十四次会议通过）第五十五条

127. 什么是突发事件？

本法所称突发事件，是指突然发生，造成或者可能造成严重社会危害，需要采取应急处置措施予以应对的自然灾害、事故灾难、公共卫生事件和社会安全事件。

按照社会危害程度、影响范围等因素，自然灾害、事故灾难、公共卫生事件分为特别重大、重大、较大和一般四级。法律、行政法规或者国务院另有规定的，从其规定。

突发事件的分级标准由国务院或者国务院确定的部门制定。

——《中华人民共和国突发事件应对法》（2007 年 8 月 30 日第十届全国人民代表大会常务委员会第二十九次会议通过）第三条

128. 突发事件应对工作的原则是什么？

突发事件应对工作实行预防为主、预防与应急相结合的原则。国家建立重大突发事件风险评估体系，对可能发生的突发事件进行综合性评估，减少重大突发事件的发生，最大限度地减轻重大突发事件的影响。

——《中华人民共和国突发事件应对法》（2007 年 8 月 30 日第十届全国人民代表大会常务委员会第二十九次会议通过）第五条

129. 突发事件应对工作的行政领导机关是什么？

国务院和县级以上地方各级人民政府是突发事件应对工作的行政领导机关，其办事机构及具体职责由国务院规定。

——《中华人民共和国突发事件应对法》（2007 年 8 月 30 日第十届全国人民代表大会常务委员

会第二十九次会议通过）第九条

130. 突发事件预警级别分为几级？

国家建立健全突发事件预警制度。

可以预警的自然灾害、事故灾难和公共卫生事件的预警级别，按照突发事件发生的紧急程度、发展势态和可能造成的危害程度分为一级、二级、三级和四级，分别用红色、橙色、黄色和蓝色标示，一级为最高级别。

预警级别的划分标准由国务院或者国务院确定的部门制定。

——《中华人民共和国突发事件应对法》（2007 年 8 月 30 日第十届全国人民代表大会常务委员会第二十九次会议通过）第四十二条

131. 发布三级、四级警报，宣布进入预警期后，县级以上地方各级人民政府应当采取哪些措施？

发布三级、四级警报，宣布进入预警期后，县级以上地方各级人民政府应当根据即将发生的突发事件的特点和可能造成的危害，采取下列措施：

（一）启动应急预案；

（二）责令有关部门、专业机构、监测网点和负有特定职责的人员及时收集、报告有关信息，向社会公布反映突发事件信息的渠道，加强对突发事件发生、发展情况的监测、预报和预警工作；

（三）组织有关部门和机构、专业技术人员、有关专家学者，随时对突发事件信息进行分析评估，预测发生突发事件可能性的大小、影响范围和强度以及可能发生的突发事件的级别；

（四）定时向社会发布与公众有关的突发事件预测信息和分析评估结果，并对相关信息的报道工作进行管理；

（五）及时按照有关规定向社会发布可能受到突发事件危害的警告，宣传避免、减轻危害的常识，公布咨询电话。

——《中华人民共和国突发事件应对法》（2007年8月30日第十届全国人民代表大会常务委员会第二十九次会议通过）第四十四条

132. 发布一级、二级警报，宣布进入预警期后，县级以上地方各级人民政府应当采取哪些措施？

发布一级、二级警报，宣布进入预警期后，县级以上地方各级人民政府除采取本法第四十四条规定的措施外，还应当针对即将发生的突发事件的特点和可能造成的危害，采取下列一项或者多项措施：

（一）责令应急救援队伍、负有特定职责的人员进入待命状态，并动员后备人员做好参加应急救援和处置工作的准备；

（二）调集应急救援所需物资、设备、工具，准备应急设施和避难场所，并确保其处于良好状态、随时可以投入正常使用；

（三）加强对重点单位、重要部位和重要基础设施的安全保卫，维护社会治安秩序；

（四）采取必要措施，确保交通、通信、供水、排水、供电、供气、供热等公共设施的安全和正常运行；

（五）及时向社会发布有关采取特定措施避免或者减轻危害的建议、劝告；

（六）转移、疏散或者撤离易受突发事件危害的人员并予以妥善安置，转移重要财产；

（七）关闭或者限制使用易受突发事件危害的场所，控制或者限制容易导致危害扩大的公共场所的活动；

（八）法律、法规、规章规定的其他必要的防范性、保护性措施。

——《中华人民共和国突发事件应对法》（2007 年 8 月 30 日第十届全国人民代表大会常务委员会第二十九次会议通过）第四十五条

133. 自然灾害、事故灾难或者公共卫生事件发生后，履行统一领导职责的人民政府可以采取哪些应急处置措施？

自然灾害、事故灾难或者公共卫生事件发生后，履行统一领导职责的人民政府可以采取下列一项或者多项应急处置措施：

（一）组织营救和救治受害人员，疏散、撤离并妥善安置受到威胁的人员以及采取其他救助措施；

（二）迅速控制危险源，标明危险区域，封锁危险场所，划定警戒区，实行交通管制以及其他控制措施；

（三）立即抢修被损坏的交通、通信、供水、排水、供电、供气、供热等公共设施，向受到危害的人员提供避难场所和生活必需品，实施医疗救护和卫生防疫以及其他保障措施；

（四）禁止或者限制使用有关设备、设施，关闭或者限制使用有关场所，中止人员密集的活动或者可能导致危害扩大的生产经营活动以及采取其他保护措施；

（五）启用本级人民政府设置的财政预备费和储备的应急救援物资，必要时调用其他急需物资、设备、设施、工具；

（六）组织公民参加应急救援和处置工作，要求具有特定专长的人员提供服务；

（七）保障食品、饮用水、燃料等基本生活必需品的供应；

（八）依法从严惩处囤积居奇、哄抬物价、制假售假等扰乱市场秩序的行为，稳定市场价格，维护市场秩序；

（九）依法从严惩处哄抢财物、干扰破坏应急处置工作等扰乱社会秩序的行为，维护社会治安；

（十）采取防止发生次生、衍生事件的必要措施。

——《中华人民共和国突发事件应对法》（2007年8月30日第十届全国人民代表大会常务委员会第二十九次会议通过）第四十九条

134. 社会安全事件发生后，组织处置工作的人民政府应当采取哪些应急处置措施？

社会安全事件发生后，组织处置工作的人民政府应当立即组织有关部门并由公安机关针对事件的性质和特点，依照有关法律、行政法规和国家其他有关规定，采取下列一项或者多项应急处置措施：

（一）强制隔离使用器械相互对抗或者以暴力行为参与冲突的当事人，妥善解决现场纠纷和争端，控制事态发展；

（二）对特定区域内的建筑物、交通工具、设备、设施以及燃料、燃气、电力、水的供应进行控制；

（三）封锁有关场所、道路，查验现场人员的身份证件，限制有关公共场所内的活动；

（四）加强对易受冲击的核心机关和单位的警卫，在国家机关、军事机关、国家通讯社、广播电台、电视台、外国驻华使领馆等单位附近设置临时警戒线；

（五）法律、行政法规和国务院规定的其他必要措施。

严重危害社会治安秩序的事件发生时，公安机关应当立即依法出动警力，根据现场情况依法采取相应的强制性措施，尽快使社会秩序恢复正常。

——《中华人民共和国突发事件应对法》（2007年8月30日第十届全国人民代表大会常务委员会第二十九次会议通过）第五十条

135. 地方各级人民政府和县级以上各级人民政府有关部门不履行突发事件应对职责的情形有哪些？

地方各级人民政府和县级以上各级人民政府有关部门违反本法规定，不履行法定职责的，由其上级行政机关或者监察机关责令改正；有下列情形之一的，根据情节对直接负责的主管人员和其他直接责任人员依法给予处分：

（一）未按规定采取预防措施，导致发生突发事件，或者未采取必要的防范措施，导致发生次生、衍生事件的；

（二）迟报、谎报、瞒报、漏报有关突发事件的信息，或者通报、报送、公布虚假信息，造成后果的；

（三）未按规定及时发布突发事件警报、采取预警期的措施，导致损害发生的；

（四）未按规定及时采取措施处置突发事件或者处置不当，造成后果的；

（五）不服从上级人民政府对突发事件应急处置工作的统一领导、指挥和协调的；

（六）未及时组织开展生产自救、恢复重建等善后工作的；

（七）截留、挪用、私分或者变相私分应急救援资金、物资的；

（八）不及时归还征用的单位和个人的财产，或者对被征用财产的单位和个人不按规定给予补偿的。

——《中华人民共和国突发事件应对法》（2007 年 8 月 30 日第十届全国人民代表大会常务委员

会第二十九次会议通过）第六十三条

136. 间谍行为一般指哪些行为？

本法所称间谍行为，是指下列行为：

（一）间谍组织及其代理人实施或者指使、资助他人实施，或者境内外机构、组织、个人与其相勾结实施的危害中华人民共和国国家安全的活动；

（二）参加间谍组织或者接受间谍组织及其代理人的任务，或者投靠间谍组织及其代理人；

（三）间谍组织及其代理人以外的其他境外机构、组织、个人实施或者指使、资助他人实施，或者境内机构、组织、个人与其相勾结实施的窃取、刺探、收买、非法提供国家秘密、情报以及其他关系国家安全和利益的文件、数据、资料、物品，或者策动、引诱、胁迫、收买国家工作人员叛变的活动；

（四）间谍组织及其代理人实施或者指使、资助他人实施，或者境内外机构、组织、个人与其相勾结实施针对国家机关、涉密单位或者关键信息基础设施等的网络攻击、侵入、干扰、控制、破坏等活动；

（五）为敌人指示攻击目标；

（六）进行其他间谍活动。

间谍组织及其代理人在中华人民共和国领域内，或者利用中华人民共和国的公民、组织或者其他条件，从事针对第三国的间谍活动，危害中华人民共和国国家安全的，适用本法。

——《中华人民共和国反间谍法》（2023 年 4 月 26 日第十四届全国人民代表大会常务委员会第二次会议修订）第四条

137. 反间谍工作的主管机关是什么？

国家安全机关是反间谍工作的主管机关。

公安、保密等有关部门和军队有关部门按照职责分工，密切配合，加强协调，依法做好有关工作。

——《中华人民共和国反间谍法》（2023 年 4 月 26 日第十四届全国人民代表大会常务委员会第二次会议修订）第六条

138. 任何公民和组织发现间谍行为，应当怎样做？

任何公民和组织发现间谍行为，应当及时向国家安全机关举报；向公安机关等其他国家机关、组织举报的，相关国家机关、组织应当立即移送国家安全机关处理。

国家安全机关应当将受理举报的电话、信箱、网络平台等向社会公开，依法及时处理举报信息，并为举报人保密。

——《中华人民共和国反间谍法》（2023 年 4 月 26 日第十四届全国人民代表大会常务委员会第二次会议修订）第十六条

139. 什么是数据、数据处理、数据安全？

本法所称数据，是指任何以电子或者其他方式对信息的记录。

数据处理，包括数据的收集、存储、使用、加工、传输、提供、公开等。

数据安全，是指通过采取必要措施，确保数据处于有效保护和合法利用的状态，以及具备保障持续安全状态的能力。

——《中华人民共和国数据安全法》（2021 年 6 月 10 日第十三届全国人民代表大会常务委员会第二十九次会议通过）第三条

140. 促进乡村振兴的总要求是什么？

促进乡村振兴应当按照产业兴旺、生态宜居、乡风文明、治理有效、生活富裕的总要求，统筹推进农村经济建设、政治建设、文化建设、社会建设、生态文明建设和党的建设，充分发挥乡村在保障农产品供给和粮食安全、保护生态环境、传承发展中华民族优秀传统文化等方面的特有功能。

——《中华人民共和国乡村振兴促进法》（2021 年 4 月 29 日第十三届全国人民代表大会常务委员会第二十八次会议通过）第三条

141. 全面实施乡村振兴战略，应当遵循哪些原则？

全面实施乡村振兴战略，应当坚持中国共产党的领导，贯彻创新、协调、绿色、开放、共享的新发展理念，走中国特色社会主义乡村振兴道路，促进共同富裕，遵循以下原则：

（一）坚持农业农村优先发展，在干部配备上优先考虑，在要素配置上优先满足，在资金投入上优先保障，在公共服务上优先安排；

（二）坚持农民主体地位，充分尊重农民意愿，保障农民民主权利和其他合法权益，调动农民的积极性、主动性、创造性，维护农民根本利益；

（三）坚持人与自然和谐共生，统筹山水林田湖草沙系统治理，推动绿色发展，推进生态文明建设；

（四）坚持改革创新，充分发挥市场在资源配置中的决定性作用，更好发挥政府作用，推进农业供给侧结构性改革和高质量发展，不断解放和发展乡村社会生产力，激发农村发展活力；

（五）坚持因地制宜、规划先行、循序渐进，顺应村庄发展规律，根据乡村的历史文化、发展现状、区位条件、资源禀赋、产业基础分类推进。

——《中华人民共和国乡村振兴促进法》（2021年4月29日第十三届全国人民代表大会常务委员会第二十八次会议通过）第四条

142. 中国农民丰收节是哪一天？

国家坚持以社会主义核心价值观为引领，大力弘扬民族精神和时代精神，加强乡村优秀传统文化保护和公共文化服务体系建设，繁荣发展乡村文化。

每年农历秋分日为中国农民丰收节。

——《中华人民共和国乡村振兴促进法》（2021年4月29日第十三届全国人民代表大会常务委员会第二十八次会议通过）第七条

143. 预算都包括哪些？

预算由预算收入和预算支出组成。

政府的全部收入和支出都应当纳入预算。

预算包括一般公共预算、政府性基金预算、国有资本经营预算、社会保险基金预算。

一般公共预算、政府性基金预算、国有资本经营预算、社会保险基金预算应当保持完整、独立。政府性基金预算、国有资本经营预算、社会保险基金预算应当与一般公共预算相衔接。

——《中华人民共和国预算法》（2018 年 12 月 29 日第二次修正）第四条、第五条

144. 全国人民代表大会和地方各级人民代表大会对预算草案及其报告、预算执行情况的报告重点审查哪些内容？

全国人民代表大会和地方各级人民代表大会对预算草案及其报告、预算执行情况的报告重点审查下列内容：

（一）上一年预算执行情况是否符合本级人民代表大会预算决议的要求；

（二）预算安排是否符合本法的规定；

（三）预算安排是否贯彻国民经济和社会发展的方针政策，收支政策是否切实可行；

（四）重点支出和重大投资项目的预算安排是否适当；

（五）预算的编制是否完整，是否符合本法第四十六条的规定；

（六）对下级政府的转移性支出预算是否规范、适当；

（七）预算安排举借的债务是否合法、合理，是否有偿还计划和稳定的偿还资金来源；

（八）与预算有关重要事项的说明是否清晰。

——《中华人民共和国预算法》（2018 年 12 月 29 日第二次修正）第四十八条

145. 预算年度开始后，各级预算草案在本级人民代表大会批准前，可以安排哪些支出？

预算年度开始后，各级预算草案在本级人民代表大会批准前，可以安排下列支出：

（一）上一年度结转的支出；

（二）参照上一年同期的预算支出数额安排必须支付的本年度部门基本支出、项目支出，以及对下级政府的转移性支出；

（三）法律规定必须履行支付义务的支出，以及用于自然灾害等突发事件处理的支出。

根据前款规定安排支出的情况，应当在预算草案的报告中作出说明。

预算经本级人民代表大会批准后，按照批准的预算执行。

——《中华人民共和国预算法》（2018 年 12 月 29 日第二次修正）第五十四条

146. 哪些企业按照国家有关规定可以享受税收优惠？

下列企业按照国家有关规定享受税收优惠：

（一）从事高新技术产品研究开发、生产的企业；

（二）科技型中小企业；

（三）投资初创科技型企业的创业投资企业；

（四）法律、行政法规规定的与科学技术进步有关的其他企业。

——《中华人民共和国科学技术进步法》（2021 年 12 月 24 日第十三届全国人民代表大会常务委员会第三十二次会议第二次修订）第四十三条

147. 财政性科学技术资金应当主要用于哪些事项的投入?

财政性科学技术资金应当主要用于下列事项的投入:

(一)科学技术基础条件与设施建设;

(二)基础研究和前沿交叉学科研究;

(三)对经济建设和社会发展具有战略性、基础性、前瞻性作用的前沿技术研究、社会公益性技术研究和重大共性关键技术研究;

(四)重大共性关键技术应用和高新技术产业化示范;

(五)关系生态环境和人民生命健康的科学技术研究开发和成果的应用、推广;

(六)农业新品种、新技术的研究开发和农业科技成果的应用、推广;

(七)科学技术人员的培养、吸引和使用;

(八)科学技术普及。

对利用财政性资金设立的科学技术研究开发机构,国家在经费、实验手段等方面给予支持。

——《中华人民共和国科学技术进步法》(2021 年 12 月 24 日第十三届全国人民代表大会常务委

员会第三十二次会议第二次修订）第八十七条

148. 从事哪些活动，按照国家有关规定可以享受税收优惠？

从事下列活动的，按照国家有关规定享受税收优惠：

（一）技术开发、技术转让、技术许可、技术咨询、技术服务；

（二）进口国内不能生产或者性能不能满足需要的科学研究、技术开发或者科学技术普及的用品；

（三）为实施国家重大科学技术专项、国家科学技术计划重大项目，进口国内不能生产的关键设备、原材料或者零部件；

（四）科学技术普及场馆、基地等开展面向公众开放的科学技术普及活动；

（五）捐赠资助开展科学技术活动；

（六）法律、国家有关规定规定的其他科学研究、技术开发与科学技术应用活动。

——《中华人民共和国科学技术进步法》（2021 年 12 月 24 日第十三届全国人民代表大会常务委员会第三十二次会议第二次修订）第九十条

149. 外商投资有哪些情形？

在中华人民共和国境内（以下简称中国境内）的外商投资，适用本法。

本法所称外商投资，是指外国的自然人、企业或者其他组织（以下称外国投资者）直接或者间接在中国境内进行的投资活动，包括下列情形：

（一）外国投资者单独或者与其他投资者共同在中国境内设立外商投资企业；

（二）外国投资者取得中国境内企业的股份、股权、财产份额或者其他类似权益；

（三）外国投资者单独或者与其他投资者共同在中国境内投资新建项目；

（四）法律、行政法规或者国务院规定的其他方式的投资。

本法所称外商投资企业，是指全部或者部分由外国投资者投资，依照中国法律在中国境内经登记注册设立的企业。

——《中华人民共和国外商投资法》（2019 年 3 月 15 日第十三届全国人民代表大会第二次会议通过）第二条

150. 著作权人和著作权都包括哪些？

著作权人包括：

（一）作者；

（二）其他依照本法享有著作权的自然人、法人或者非法人组织。

著作权包括下列人身权和财产权：

（一）发表权，即决定作品是否公之于众的权利；

（二）署名权，即表明作者身份，在作品上署名的权利；

（三）修改权，即修改或者授权他人修改作品的权利；

（四）保护作品完整权，即保护作品不受歪曲、篡改的权利；

（五）复制权，即以印刷、复印、拓印、录音、录像、翻录、翻拍、数字化等方式将作品制作一份或者多份的权利；

（六）发行权，即以出售或者赠与方式向公众提供作品的原件或者复制件的权利；

（七）出租权，即有偿许可他人临时使用视听作品、计算机软件的原件或者复制件的权利，计算机软件不是出租的主要标的的除外；

（八）展览权，即公开陈列美术作品、摄影作品的原件或者复制件的权利；

（九）表演权，即公开表演作品，以及用各种手段公开播送作品的表演的权利；

（十）放映权，即通过放映机、幻灯机等技术设备公开再现美术、摄影、视听作品等的权利；

（十一）广播权，即以有线或者无线方式公开传播或者转播作品，以及通过扩音器或者其他传送符号、声音、图像的类似工具向公众传播广播的作品的权利，但不包括本款第十二项规定的权利；

（十二）信息网络传播权，即以有线或者无线方式向公众提供，使公众可以在其选定的时间和地点获得作品的权利；

（十三）摄制权，即以摄制视听作品的方法将作品固定在载体上的权利；

（十四）改编权，即改变作品，创作出具有独创性的新作品的权利；

（十五）翻译权，即将作品从一种语言文字转换成另一种语言文字的权利；

（十六）汇编权，即将作品或者作品的片段通过选择或者编排，汇集成新作品的权利；

（十七）应当由著作权人享有的其他权利。

著作权人可以许可他人行使前款第五项至第十七项规定的权利，并依照约定或者本法有关规定获得报酬。

著作权人可以全部或者部分转让本条第一款第五项至第十七项规定的权利，并依照约定或者本法有关规定获得报酬。

——《中华人民共和国著作权法》（2020 年 11 月 11 日第三次修正）第九条、第十条

151. 什么是行政许可？

本法所称行政许可，是指行政机关根据公民、法人或者其他组织的申请，经依法审查，准予其从事特定活动的行为。

——《中华人民共和国行政许可法》（2019 年 4 月 23 日修改）第二条

152. 什么是行政处罚？

行政处罚是指行政机关依法对违反行政管理秩序的公民、法人或者其他组织，以减损权益或者增加义务的方式予以惩戒的行为。

——《中华人民共和国行政处罚法》（2021 年 1 月 22 日修订）第二条

153. 行政处罚的种类有哪些？

行政处罚的种类：

（一）警告、通报批评；

（二）罚款、没收违法所得、没收非法财物；

（三）暂扣许可证件、降低资质等级、吊销许可证件；

（四）限制开展生产经营活动、责令停产停业、责令关闭、限制从业；

（五）行政拘留；

（六）法律、行政法规规定的其他行政处罚。

——《中华人民共和国行政处罚法》（2021 年 1 月 22 日修订）第九条

154. 对当事人的同一个违法行为，能否给予两次以上罚款的行政处罚？

对当事人的同一个违法行为，不得给予两次以上罚款的行政处罚。同一个违法行为违反多个法律规范应当给予罚款处罚的，按照罚款数额高的规定处罚。

——《中华人民共和国行政处罚法》（2021 年 1 月 22 日修订）第二十九条

155. 未成年人有违法行为的，能否不予、从轻或者减轻行政处罚？

不满十四周岁的未成年人有违法行为的，不予行政处罚，责令监护人加以管教；已满十四周岁不满十八周岁的未成年人有违法行为的，应当从轻或者减轻行政处罚。

——《中华人民共和国行政处罚法》（2021 年 1 月 22 日修订）第三十条

156. 精神病人、智力残疾人有违法行为的，能否不予、从轻或者减轻行政处罚？

精神病人、智力残疾人在不能辨认或者不能控制自己行为时有违法行为的，不予行政处罚，但应当责令其监护人严加看管和治疗。间歇性精神病人在精神正常时有违法行为的，应当给予行政处罚。尚未完全丧失辨认或者控制自己行为能力的精神病人、智力残疾人有违法行为的，可以从轻或者减轻行政处罚。

——《中华人民共和国行政处罚法》（2021 年 1 月 22 日修订）第三十一条

157. 对于一般当事人，从轻或者减轻行政处罚的情形有哪些？

当事人有下列情形之一，应当从轻或者减轻行政处罚：

（一）主动消除或者减轻违法行为危害后果的；

（二）受他人胁迫或者诱骗实施违法行为的；

（三）主动供述行政机关尚未掌握的违法行为的；

（四）配合行政机关查处违法行为有立功表现的；

（五）法律、法规、规章规定其他应当从轻或者减轻行政处罚的。

——《中华人民共和国行政处罚法》（2021 年 1 月 22 日修订）第三十二条

158. 对于一般当事人，是否可以不予行政处罚？

违法行为轻微并及时改正，没有造成危害后果的，不予行政处罚。初次违法且危害后果轻微并及时改正的，可以不予行政处罚。

当事人有证据足以证明没有主观过错的，不予行政处罚。法律、行政法规另有规定的，从其规定。

对当事人的违法行为依法不予行政处罚的，行政机关应当对当事人进行教育。

——《中华人民共和国行政处罚法》（2021 年 1 月 22 日修订）第三十三条

159. 什么是行政强制？

本法所称行政强制，包括行政强制措施和行政强制执行。

行政强制措施，是指行政机关在行政管理过程中，为制止违法行为、防止证据损毁、避免危害发生、控制危险扩大等情形，依法对公民的人身自由实施暂时性限制，或者对公民、法人或者其他组织的财物实施暂时性控制的行为。

行政强制执行，是指行政机关或者行政机关申请人民法院，对不履行行政决定的公民、法人或者其他组织，依法强制履行义务的行为。

——《中华人民共和国行政强制法》（2011 年 6 月 30 日）第二条

160. 行政强制措施的种类有哪些？

行政强制措施的种类：

（一）限制公民人身自由；

（二）查封场所、设施或者财物；

（三）扣押财物；

（四）冻结存款、汇款；

（五）其他行政强制措施。

——《中华人民共和国行政强制法》（2011年6月30日）第九条

161. 行政强制执行的方式有哪些？

行政强制执行的方式：

（一）加处罚款或者滞纳金；

（二）划拨存款、汇款；

（三）拍卖或者依法处理查封、扣押的场所、设施或者财物；

（四）排除妨碍、恢复原状；

（五）代履行；

（六）其他强制执行方式。

——《中华人民共和国行政强制法》（2011年6月30日）第十二条

162. 行政机关实施行政强制措施应当遵守哪些规定？

行政机关实施行政强制措施应当遵守下列规定：

（一）实施前须向行政机关负责人报告并经批准；

（二）由两名以上行政执法人员实施；

（三）出示执法身份证件；

（四）通知当事人到场；

（五）当场告知当事人采取行政强制措施的理由、依据以及当事人依法享有的权利、救济途径；

（六）听取当事人的陈述和申辩；

（七）制作现场笔录；

（八）现场笔录由当事人和行政执法人员签名或者盖章，当事人拒绝的，在笔录中予以注明；

（九）当事人不到场的，邀请见证人到场，由见证人和行政执法人员在现场笔录上签名或者盖章；

（十）法律、法规规定的其他程序。

——《中华人民共和国行政强制法》（2011年6月30日）第十八条

163. 实施限制公民人身自由的行政强制措施，除应当履行规定的程序外，还应当遵守哪些规定？

依照法律规定实施限制公民人身自由的行政强制措施，除应当履行本法第十八条规定的程序外，还应当遵守下列规定：

（一）当场告知或者实施行政强制措施后立即通知当事人家属实施行政强制措施的行政机关、地点和期限；

（二）在紧急情况下当场实施行政强制措施的，在返回行政机关后，立即向行政机关负责人报告并补办批准手续；

（三）法律规定的其他程序。

实施限制人身自由的行政强制措施不得超过法定期限。实施行政强制措施的目的已经达到或者条件已经消失，应当立即解除。

——《中华人民共和国行政强制法》（2011 年 6 月 30 日）第二十条

164. 公民、法人或者其他组织可以申请行政复议的情形有哪些？

有下列情形之一的，公民、法人或者其他组织可以依照本法申请行政复议：

（一）对行政机关作出的行政处罚决定不服；

（二）对行政机关作出的行政强制措施、行政强制执行决定不服；

（三）申请行政许可，行政机关拒绝或者在法定期限内不予答复，或者对行政机关作出的有关行政许可的其他决定不服；

（四）对行政机关作出的确认自然资源的所有权或者使用权的决定不服；

（五）对行政机关作出的征收征用决定及其补偿决定不服；

（六）对行政机关作出的赔偿决定或者不予赔偿决定不服；

（七）对行政机关作出的不予受理工伤认定申请的决定或者工伤认定结论不服；

（八）认为行政机关侵犯其经营自主权或者农村土地承包经营权、农村土地经营权；

（九）认为行政机关滥用行政权力排除或者限制竞争；

（十）认为行政机关违法集资、摊派费用或者违法要求履行其他义务；

（十一）申请行政机关履行保护人身权利、财产权利、受教育权利等合法权益的法定职责，行政机关拒绝履行、未依法履行或者不予答复；

（十二）申请行政机关依法给付抚恤金、社会保险待遇或者最低生活保障等社会保障，行政机关没有依法给付；

（十三）认为行政机关不依法订立、不依法履行、未按照约定履行或者违法变更、解除政府特许经营协议、土地房屋征收补偿协议等行政协议；

（十四）认为行政机关在政府信息公开工作中侵犯其合法权益；

（十五）认为行政机关的其他行政行为侵犯其合法权益。

——《中华人民共和国行政复议法》（2023 年 9 月 1 日修订）第十一条

165. 人民法院受理公民、法人或者其他组织提起的哪些诉讼？

人民法院受理公民、法人或者其他组织提起的下列诉讼：

（一）对行政拘留、暂扣或者吊销许可证和执照、责令停产停业、没收违法所得、没收非法财物、罚款、警告等行政处罚不服的；

（二）对限制人身自由或者对财产的查封、扣押、冻结等行政强制措施和行政强制执行不服的；

（三）申请行政许可，行政机关拒绝或者在法定期限内不予答复，或者对行政机关作出的有关行政许可的其他决定不服的；

（四）对行政机关作出的关于确认土地、矿藏、水流、森林、山岭、草原、荒地、滩涂、海域等自然资源的所有权或者使用权的决定不服的；

（五）对征收、征用决定及其补偿决定不服的；

（六）申请行政机关履行保护人身权、财产权等合法权益的法定职责，行政机关拒绝履行或者不予答复的；

（七）认为行政机关侵犯其经营自主权或者农村土地承包经营权、农村土地经营权的；

（八）认为行政机关滥用行政权力排除或者限制竞争的；

（九）认为行政机关违法集资、摊派费用或者违法要求履行其他义务的；

（十）认为行政机关没有依法支付抚恤金、最低生活保障待遇或者社会保险待遇的；

（十一）认为行政机关不依法履行、未按照约定履行或者违法变更、解除政府特许经营协议、土地房屋征收补偿协议等协议的；

（十二）认为行政机关侵犯其他人身权、财产权等合法权益的。

除前款规定外，人民法院受理法律、法规规定可以提起诉讼的其他行政案件。

——《中华人民共和国行政诉讼法》（2017 年 6 月 27 日第二次修正）第十二条

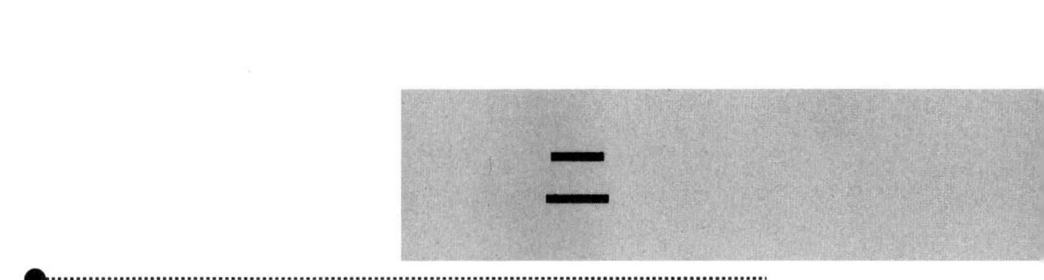
二

1. 监察机关及其工作人员存在哪些行为，被调查人及其近亲属有权向该机关申诉？

监察机关及其工作人员有下列行为之一的，被调查人及其近亲属有权向该机关申诉：

（一）留置法定期限届满，不予以解除的；

（二）查封、扣押、冻结与案件无关的财物的；

（三）应当解除查封、扣押、冻结措施而不解除的；

（四）贪污、挪用、私分、调换以及违反规定使用查封、扣押、冻结的财物的；

（五）其他违反法律法规、侵害被调查人合法权益的行为。

受理申诉的监察机关应当在受理申诉之日起一个月内作出处理决定。申诉人对处理决定不服的，可以在收到处理决定之日起一个月内向上一级监察机关申请复查，上一级监察机关应当在收到复查申请之日起二个月内作出处理决定，情况属实的，及时予以纠正。

——《中华人民共和国监察法》（2018 年 3 月 20 日第十三届全国人民代表大会第一次会议通过）第六十条

2. 有关单位拒不执行监察机关作出的处理决定，应如何处理？

有关单位拒不执行监察机关作出的处理决定，或者无正当理由拒不采纳监察建议的，由其主管部门、上级机关责令改正，对单位给予通报批评；对负有责任的领导人员和直接责任人员依法给予处理。

——《中华人民共和国监察法》（2018 年 3 月 20 日第十三届全国人民代表大会第一次会议通过）第六十二条

3. 违反监察法规定，不配合监察机关调查，应如何处理？

有关人员违反本法规定，有下列行为之一的，由其所在单位、主管部门、上级机关或者监察机关责令改正，依法给予处理：

（一）不按要求提供有关材料，拒绝、阻碍调查措施实施等拒不配合监察机关调查的；

（二）提供虚假情况，掩盖事实真相的；

（三）串供或者伪造、隐匿、毁灭证据的；

（四）阻止他人揭发检举、提供证据的；

（五）其他违反本法规定的行为，情节严重的。

——《中华人民共和国监察法》（2018年3月20日第十三届全国人民代表大会第一次会议通过）第六十三条

4. 监察对象对控告人、检举人等进行报复陷害的，应如何处理？

监察对象对控告人、检举人、证人或者监察人员进行报复陷害的；控告人、检举人、证人捏造事实诬告陷害监察对象的，依法给予处理。

——《中华人民共和国监察法》（2018年3月20日第十三届全国人民代表大会第一次会议通过）第六十四条

5. 公职人员散布有损宪法权威言论的，应如何处分？

散布有损宪法权威、中国共产党领导和国家声誉的言论的，予以记过或者记大过；情节较重的，予以降级或者撤职；情节严重的，予以开除。

——《中华人民共和国公职人员政务处分法》（2020年6月20日第十三届全国人民代表大会常务委员会第十九次会议通过）第二十八条第一款第（一）项

6. 公职人员参加旨在反对宪法等活动的，应如何处分？

参加旨在反对宪法、中国共产党领导和国家的集会、游行、示威等活动的，予以记过或者记大过；情节较重的，予以降级或者撤职；情节严重的，予以开除。

对策划者、组织者和骨干分子，予以开除。

——《中华人民共和国公职人员政务处分法》（2020 年 6 月 20 日第十三届全国人民代表大会常务委员会第十九次会议通过）第二十八条第一款第（二）项、第二款

7. 公职人员拒不执行中国共产党和国家的路线方针政策的，应如何处分？

拒不执行或者变相不执行中国共产党和国家的路线方针政策、重大决策部署的，予以记过或者记大过；情节较重的，予以降级或者撤职；情节严重的，予以开除。

——《中华人民共和国公职人员政务处分法》（2020 年 6 月 20 日第十三届全国人民代表大会常务委员会第十九次会议通过）第二十八条第一款第（三）项

8. 公职人员参加非法组织、非法活动的，应如何处分？

参加非法组织、非法活动的，予以记过或者记大过；情节较重的，予以降级或者撤职；情节严重的，予以开除。

对策划者、组织者和骨干分子，予以开除。

——《中华人民共和国公职人员政务处分法》（2020年6月20日第十三届全国人民代表大会常务委员会第十九次会议通过）第二十八条第一款第（四）项、第二款

9. 公职人员挑拨、破坏民族关系，或者参加民族分裂活动的，应如何处分？

挑拨、破坏民族关系，或者参加民族分裂活动的，予以记过或者记大过；情节较重的，予以降级或者撤职；情节严重的，予以开除。

对策划者、组织者和骨干分子，予以开除。

——《中华人民共和国公职人员政务处分法》（2020年6月20日第十三届全国人民代表大会常务委员会第十九次会议通过）第二十八条第一款第（五）项、第二款

10. 公职人员利用宗教活动破坏民族团结和社会稳定的，应如何处分？

利用宗教活动破坏民族团结和社会稳定的，予以记过或者记大过；情节较重的，予以降级或者撤职；情节严重的，予以开除。

对策划者、组织者和骨干分子，予以开除。

——《中华人民共和国公职人员政务处分法》（2020年6月20日第十三届全国人民代表大会常务委员会第十九次会议通过）第二十八条第一款第（六）项、第二款

11. 公职人员在对外交往中损害国家荣誉和利益的，应如何处分？

在对外交往中损害国家荣誉和利益的，予以记过或者记大过；情节较重的，予以降级或者撤职；情节严重的，予以开除。

——《中华人民共和国公职人员政务处分法》（2020年6月20日第十三届全国人民代表大会常务委员会第十九次会议通过）第二十八条第一款第（七）项

12. 公职人员公开发表反对宪法确立的国家指导思想等行为，应如何处分？

公开发表反对宪法确立的国家指导思想，反对中国共产党领导，反对社会主义制度，反对改革开放的文章、演说、宣言、声明等的，予以开除。

——《中华人民共和国公职人员政务处分法》（2020 年 6 月 20 日第十三届全国人民代表大会常务委员会第十九次会议通过）第二十八条第三款

13. 公职人员不按照规定请示、报告重大事项，应如何处分？

不按照规定请示、报告重大事项，情节较重的，予以警告、记过或者记大过；情节严重的，予以降级或者撤职。

违反个人有关事项报告规定，隐瞒不报，情节较重的，予以警告、记过或者记大过。

篡改、伪造本人档案资料的，予以记过或者记大过；情节严重的，予以降级或者撤职。

——《中华人民共和国公职人员政务处分法》（2020 年 6 月 20 日第十三届全国人民代表大

会常务委员会第十九次会议通过）第二十九条

14. 公职人员违反民主集中制原则，应如何处分？

违反民主集中制原则，个人或者少数人决定重大事项，或者拒不执行、擅自改变集体作出的重大决定的，予以警告、记过或者记大过；情节严重的，予以降级或者撤职。

——《中华人民共和国公职人员政务处分法》（2020 年 6 月 20 日第十三届全国人民代表大会常务委员会第十九次会议通过）第三十条第（一）项

15. 公职人员拒不执行上级依法作出的决定，应如何处分？

拒不执行或者变相不执行、拖延执行上级依法作出的决定、命令的，予以警告、记过或者记大过；情节严重的，予以降级或者撤职。

——《中华人民共和国公职人员政务处分法》（2020 年 6 月 20 日第十三届全国人民代表大会常务委员会第十九次会议通过）第三十条第（二）项

16. 公职人员违反规定出境或者办理因私出境证件，应如何处分？

违反规定出境或者办理因私出境证件的，予以记过或者记大过；情节严重的，予以降级或者撤职。

违反规定取得外国国籍或者获取境外永久居留资格、长期居留许可的，予以撤职或者开除。

——《中华人民共和国公职人员政务处分法》（2020 年 6 月 20 日第十三届全国人民代表大会常务委员会第十九次会议通过）第三十一条

17. 公职人员在干部人事工作中违反有关规定的，应如何处分？

在选拔任用、录用、聘用、考核、晋升、评选等干部人事工作中违反有关规定的，予以警告、记过或者记大过；情节较重的，予以降级或者撤职；情节严重的，予以开除。

——《中华人民共和国公职人员政务处分法》（2020 年 6 月 20 日第十三届全国人民代表大会常务委员会第十九次会议通过）第三十二条第（一）项

18. 公职人员弄虚作假，骗取职务等利益的，应如何处分？

公职人员因违法行为获得的职务、职级、衔级、级别、岗位和职员等级、职称、待遇、资格、学历、学位、荣誉、奖励等其他利益，监察机关应当建议有关机关、单位、组织按规定予以纠正。

弄虚作假，骗取职务、职级、衔级、级别、岗位和职员等级、职称、待遇、资格、学历、学位、荣誉、奖励或者其他利益的，予以警告、记过或者记大过；情节较重的，予以降级或者撤职；情节严重的，予以开除。

——《中华人民共和国公职人员政务处分法》（2020 年 6 月 20 日第十三届全国人民代表大会常务委员会第十九次会议通过）第二十五条第二款、第三十二条第（二）项

19. 公职人员对依法行使批评、申诉等权利的行为进行压制或者打击报复的，应如何处分？

对依法行使批评、申诉、控告、检举等权利的行为进行压制或者打击报复的，予以警告、记过或者记大过；情节较重的，予以降级或者撤职；情节严重的，予以开除。

——《中华人民共和国公职人员政务处分法》（2020 年 6 月 20 日第十三届全国人民代表大会常务委员会第十九次会议通过）第三十二条第（三）项

20. 公职人员有诬告陷害行为的，应如何处分？

诬告陷害，意图使他人受到名誉损害或者责任追究等不良影响的，予以警告、记过或者记大过；情节较重的，予以降级或者撤职；情节严重的，予以开除。

——《中华人民共和国公职人员政务处分法》（2020 年 6 月 20 日第十三届全国人民代表大会常务委员会第十九次会议通过）第三十二条第（四）项

21. 公职人员以暴力、威胁、贿赂、欺骗等手段破坏选举的，应如何处分？

以暴力、威胁、贿赂、欺骗等手段破坏选举的，予以警告、记过或者记大过；情节较重的，予以降级或者撤职；情节严重的，予以开除。

——《中华人民共和国公职人员政务处分法》（2020 年 6 月 20 日第十三届全国人民代表大

会常务委员会第十九次会议通过）第三十二条第（五）项

22. 公职人员贪污贿赂的，应如何处分？

贪污贿赂的，予以警告、记过或者记大过；情节较重的，予以降级或者撤职；情节严重的，予以开除。

——《中华人民共和国公职人员政务处分法》（2020年6月20日第十三届全国人民代表大会常务委员会第十九次会议通过）第三十三条第一款第（一）项

23. 公职人员利用职权或者职务上的影响为本人或者他人谋取私利的，应如何处分？

利用职权或者职务上的影响为本人或者他人谋取私利的，予以警告、记过或者记大过；情节较重的，予以降级或者撤职；情节严重的，予以开除。

——《中华人民共和国公职人员政务处分法》（2020年6月20日第十三届全国人民代表大会常务委员会第十九次会议通过）第三十三条第一款第（二）项

24. 公职人员纵容、默许特定关系人利用本人职权谋取私利的，应如何处分？

纵容、默许特定关系人利用本人职权或者职务上的影响谋取私利的，予以警告、记过或者记大过；情节较重的，予以降级或者撤职；情节严重的，予以开除。

——《中华人民共和国公职人员政务处分法》（2020年6月20日第十三届全国人民代表大会常务委员会第十九次会议通过）第三十三条第一款第（三）项

25. 公职人员拒不按照规定纠正特定关系人违规任职等，应如何处分？

拒不按照规定纠正特定关系人违规任职、兼职或者从事经营活动，且不服从职务调整的，予以撤职。

——《中华人民共和国公职人员政务处分法》（2020年6月20日第十三届全国人民代表大会常务委员会第十九次会议通过）第三十三条第二款

26. 公职人员收受可能影响公正行使公权力的财物，应如何处分？

收受可能影响公正行使公权力的礼品、礼金、有价证券等财物的，予以警告、记过或者记大过；情节较重的，予以降级或者撤职；情节严重的，予以开除。

——《中华人民共和国公职人员政务处分法》（2020 年 6 月 20 日第十三届全国人民代表大会常务委员会第十九次会议通过）第三十四条第一款

27. 公职人员向公职人员及其特定关系人赠送可能影响公正行使公权力的财物，情节较重或严重的，应如何处分？

向公职人员及其特定关系人赠送可能影响公正行使公权力的礼品、礼金、有价证券等财物，或者接受、提供可能影响公正行使公权力的宴请、旅游、健身、娱乐等活动安排，情节较重的，予以警告、记过或者记大过；情节严重的，予以降级或者撤职。

——《中华人民共和国公职人员政务处分法》（2020 年 6 月 20 日第十三届全国人民代表大会常务委员会第十九次会议通过）第三十四

条第二款

28. 公职人员违反规定设定、发放薪酬，情节较重或严重的，应如何处分？

违反规定设定、发放薪酬或者津贴、补贴、奖金的，情节较重的，予以警告、记过或者记大过；情节严重的，予以降级或者撤职。

——《中华人民共和国公职人员政务处分法》（2020年6月20日第十三届全国人民代表大会常务委员会第十九次会议通过）第三十五条第（一）项

29. 公职人员违反规定，在公务接待、公务交通等方面超标准的，情节较重或严重的，应如何处分？

违反规定，在公务接待、公务交通、会议活动、办公用房以及其他工作生活保障等方面超标准、超范围，情节较重的，予以警告、记过或者记大过；情节严重的，予以降级或者撤职。

——《中华人民共和国公职人员政务处分法》（2020年6月20日第十三届全国人民代表大会常务委员会第十九次会议通过）第三十五

条第（二）项

30. 公职人员违反规定公款消费，情节较重或严重的，应如何处分？

违反规定公款消费，情节较重的，予以警告、记过或者记大过；情节严重的，予以降级或者撤职。

——《中华人民共和国公职人员政务处分法》（2020年6月20日第十三届全国人民代表大会常务委员会第十九次会议通过）第三十五条第（三）项

31. 公职人员违反规定从事或者参与营利性活动，应如何处分？

违反规定从事或者参与营利性活动，或者违反规定兼任职务、领取报酬的，予以警告、记过或者记大过；情节较重的，予以降级或者撤职；情节严重的，予以开除。

——《中华人民共和国公职人员政务处分法》（2020年6月20日第十三届全国人民代表大会常务委员会第十九次会议通过）第三十六条

32. 公职人员利用宗族或者黑恶势力等欺压群众，应如何处分?

利用宗族或者黑恶势力等欺压群众，或者纵容、包庇黑恶势力活动的，予以撤职；情节严重的，予以开除。

——《中华人民共和国公职人员政务处分法》（2020年6月20日第十三届全国人民代表大会常务委员会第十九次会议通过）第三十七条

33. 公职人员违反规定向管理服务对象收取、摊派财物，情节较重或严重的，应如何处分?

违反规定向管理服务对象收取、摊派财物，情节较重的，予以警告、记过或者记大过；情节严重的，予以降级或者撤职。

有以上行为且情节特别严重的，予以开除。

——《中华人民共和国公职人员政务处分法》（2020年6月20日第十三届全国人民代表大会常务委员会第十九次会议通过）第三十八条第一款第（一）项、第二款

34. 公职人员在管理服务活动中故意刁难、吃拿卡要，情节较重或严重的，应如何处分？

在管理服务活动中故意刁难、吃拿卡要，情节较重的，予以警告、记过或者记大过；情节严重的，予以降级或者撤职。

情节特别严重的，予以开除。

——《中华人民共和国公职人员政务处分法》（2020年6月20日第十三届全国人民代表大会常务委员会第十九次会议通过）第三十八条第一款第（二）项、第二款

35. 公职人员在管理服务活动中态度恶劣粗暴，造成不良后果或者影响的，应如何处分？

在管理服务活动中态度恶劣粗暴，造成不良后果或者影响的，情节较重的，予以警告、记过或者记大过；情节严重的，予以降级或者撤职。

——《中华人民共和国公职人员政务处分法》（2020年6月20日第十三届全国人民代表大会常务委员会第十九次会议通过）第三十八条第一款第（三）项

36. 公职人员不按照规定公开工作信息，造成不良后果或者影响的，应如何处分?

不按照规定公开工作信息，侵犯管理服务对象知情权，造成不良后果或者影响的，情节较重的，予以警告、记过或者记大过；情节严重的，予以降级或者撤职。

——《中华人民共和国公职人员政务处分法》（2020 年 6 月 20 日第十三届全国人民代表大会常务委员会第十九次会议通过）第三十八条第一款第（四）项

37. 公职人员滥用职权，危害国家利益等，造成不良后果或者影响的，应如何处分?

滥用职权，危害国家利益、社会公共利益或者侵害公民、法人、其他组织合法权益，造成不良后果或者影响的，予以警告、记过或者记大过；情节较重的，予以降级或者撤职；情节严重的，予以开除。

——《中华人民共和国公职人员政务处分法》（2020 年 6 月 20 日第十三届全国人民代表大会常务委员会第十九次会议通过）第三十九条第（一）项

38. 公职人员不履行或者不正确履行职责，玩忽职守，贻误工作，造成不良后果或者影响的，应如何处分？

不履行或者不正确履行职责，玩忽职守，贻误工作，造成不良后果或者影响的，予以警告、记过或者记大过；情节较重的，予以降级或者撤职；情节严重的，予以开除。

——《中华人民共和国公职人员政务处分法》（2020年6月20日第十三届全国人民代表大会常务委员会第十九次会议通过）第三十九条第（二）项

39. 公职人员工作中有形式主义、官僚主义行为，造成不良后果或者影响的，应如何处分？

工作中有形式主义、官僚主义行为，造成不良后果或者影响的，予以警告、记过或者记大过；情节较重的，予以降级或者撤职；情节严重的，予以开除。

——《中华人民共和国公职人员政务处分法》（2020年6月20日第十三届全国人民代表大会常务委员会第十九次会议通过）第三十九条第（三）项

40. 公职人员工作中有弄虚作假，误导、欺骗行为，造成不良后果或者影响的，应如何处分？

工作中有弄虚作假，误导、欺骗行为的，造成不良后果或者影响的，予以警告、记过或者记大过；情节较重的，予以降级或者撤职；情节严重的，予以开除。

——《中华人民共和国公职人员政务处分法》（2020年6月20日第十三届全国人民代表大会常务委员会第十九次会议通过）第三十九条第（四）项

41. 公职人员泄露国家秘密、工作秘密，造成不良后果或者影响的，应如何处分？

泄露国家秘密、工作秘密，或者泄露因履行职责掌握的商业秘密、个人隐私，造成不良后果或者影响的，予以警告、记过或者记大过；情节较重的，予以降级或者撤职；情节严重的，予以开除。

——《中华人民共和国公职人员政务处分法》（2020年6月20日第十三届全国人民代表大会常务委员会第十九次会议通过）第三十九条第（五）项

42. 公职人员违背社会公序良俗，在公共场所有不当行为，造成不良影响的，应如何处分？

违背社会公序良俗，在公共场所有不当行为，造成不良影响的，予以警告、记过或者记大过；情节较重的，予以降级或者撤职；情节严重的，予以开除。

——《中华人民共和国公职人员政务处分法》（2020 年 6 月 20 日第十三届全国人民代表大会常务委员会第十九次会议通过）第四十条第一款第（一）项

43. 公职人员参与或者支持迷信活动，造成不良影响的，应如何处分？

参与或者支持迷信活动，造成不良影响的，予以警告、记过或者记大过；情节较重的，予以降级或者撤职；情节严重的，予以开除。

——《中华人民共和国公职人员政务处分法》（2020 年 6 月 20 日第十三届全国人民代表大会常务委员会第十九次会议通过）第四十条第一款第（二）项

44. 公职人员参与赌博的，应如何处分？

参与赌博的，予以警告、记过或者记大过；情节较重的，予以降级或者撤职；情节严重的，予以开除。

——《中华人民共和国公职人员政务处分法》（2020年6月20日第十三届全国人民代表大会常务委员会第十九次会议通过）第四十条第一款第（三）项

45. 公职人员拒不承担赡养、抚养、扶养义务的，应如何处分？

拒不承担赡养、抚养、扶养义务的，予以警告、记过或者记大过；情节较重的，予以降级或者撤职；情节严重的，予以开除。

——《中华人民共和国公职人员政务处分法》（2020年6月20日第十三届全国人民代表大会常务委员会第十九次会议通过）第四十条第一款第（四）项

46. 实施家庭暴力，虐待、遗弃家庭成员的，应如何处分？

实施家庭暴力，虐待、遗弃家庭成员的，予以警告、记过或者记大过；情节较重的，予以降级或者撤职；情节严重的，予以开除。

——《中华人民共和国公职人员政务处分法》（2020年6月20日第十三届全国人民代表大会常务委员会第十九次会议通过）第四十条第一款第（五）项

47. 公职人员吸食、注射毒品，组织赌博等活动的，应如何处分？

吸食、注射毒品，组织赌博，组织、支持、参与卖淫、嫖娼、色情淫乱活动的，予以撤职或者开除。

——《中华人民共和国公职人员政务处分法》（2020年6月20日第十三届全国人民代表大会常务委员会第十九次会议通过）第四十条第二款

48. 对勾结外国，危害中华人民共和国的主权、领土完整和安全的，如何量刑？

勾结外国，危害中华人民共和国的主权、领土完整和安全的，处无期徒刑或者十年以上有期徒刑。

与境外机构、组织、个人相勾结，犯前款罪的，依照前款的规定处罚。

——《中华人民共和国刑法》（2023年12月29日修正）第一百零二条

49. 国家机关工作人员在履行公务期间，擅离岗位，叛逃境外或者在境外叛逃的，如何量刑？

国家机关工作人员在履行公务期间，擅离岗位，叛逃境外或者在境外叛逃的，处五年以下有期徒刑、拘役、管制或者剥夺政治权利；情节严重的，处五年以上十年以下有期徒刑。

掌握国家秘密的国家工作人员叛逃境外或者在境外叛逃的，依照前款的规定从重处罚。

——《中华人民共和国刑法》（2023年12月29日修正）第一百零九条

50. 对有间谍行为的，如何量刑？

有下列间谍行为之一，危害国家安全的，处十年以上有期徒刑或者无期徒刑；情节较轻的，处三年以上十年以下有期徒刑：

（一）参加间谍组织或者接受间谍组织及其代理人的任务的；

（二）为敌人指示轰击目标的。

——《中华人民共和国刑法》（2023 年 12 月 29 日修正）第一百一十条

51. 为境外的机构、组织等窃取、刺探收买、非法提供国家秘密或情报的，如何量刑？

为境外的机构、组织、人员窃取、刺探、收买、非法提供国家秘密或者情报的，处五年以上十年以下有期徒刑；情节特别严重的，处十年以上有期徒刑或者无期徒刑；情节较轻的，处五年以下有期徒刑、拘役、管制或者剥夺政治权利。

——《中华人民共和国刑法》（2023 年 12 月 29 日修正）第一百一十一条

52. 犯贪污罪的，如何量刑？

对犯贪污罪的，根据情节轻重，分别依照下列规定处罚：

（一）贪污数额较大或者有其他较重情节的，处三年以下有期徒刑或者拘役，并处罚金。

（二）贪污数额巨大或者有其他严重情节的，处三年以上十年以下有期徒刑，并处罚金或者没收财产。

（三）贪污数额特别巨大或者有其他特别严重情节的，处十年以上有期徒刑或者无期徒刑，并处罚金或者没收财产；数额特别巨大，并使国家和人民利益遭受特别重大损失的，处无期徒刑或者死刑，并处没收财产。

对多次贪污未经处理的，按照累计贪污数额处罚。

犯第一款罪，在提起公诉前如实供述自己罪行、真诚悔罪、积极退赃，避免、减少损害结果的发生，有第一项规定情形的，可以从轻、减轻或者免除处罚；有第二项、第三项规定情形的，可以从轻处罚。

犯第一款罪，有第三项规定情形被判处死刑缓期执行的，人民法院根据犯罪情节等情况可以同时决定在其死刑缓期执行二年期满依法减为无期徒刑后，终身监禁，不得减刑、假释。

——《中华人民共和国刑法》（2023 年 12 月 29 日修正）第三百八十三条

53. 国家工作人员利用职务上的便利，挪用公款归个人使用的，如何量刑？

国家工作人员利用职务上的便利，挪用公款归个人使用，进行非法活动的，或者挪用公款数额较大、进行营利活动的，或者挪用公款数额较大、超过三个月未还的，是挪用公款罪，处五年以下有期徒刑或者拘役；情节严重的，处五年以上有期徒刑。挪用公款数额巨大不退还的，处十年以上有期徒刑或者无期徒刑。

挪用用于救灾、抢险、防汛、优抚、扶贫、移民、救济款物归个人使用的，从重处罚。

——《中华人民共和国刑法》（2023 年 12 月 29 日修正）第三百八十四条

54. 索取、非法收受他人财物，为他人谋取利益的，如何量刑？

国家机关、国有公司、企业、事业单位、人民团体，索取、非法收受他人财物，为他人谋取利益，情节严重的，对单位判处罚金，并对其直接负责的主管人员和其他直接责任人员，处三年以下有期徒刑或者拘役；情节特别严重的，处三年以上十年以下有期徒刑。

前款所列单位，在经济往来中，在帐外暗中收受各种名义的回扣、手续费的，以受贿论，依照前款的规定处罚。

——《中华人民共和国刑法》（2023 年 12 月 29 日修正）第三百八十七条

55. 对犯行贿罪的，如何量刑?

对犯行贿罪的，处三年以下有期徒刑或者拘役，并处罚金；因行贿谋取不正当利益，情节严重的，或者使国家利益遭受重大损失的，处三年以上十年以下有期徒刑，并处罚金；情节特别严重的，或者使国家利益遭受特别重大损失的，处十年以上有期徒刑或者无期徒刑，并处罚金或者没收财产。

有下列情形之一的，从重处罚：

（一）多次行贿或者向多人行贿的；

（二）国家工作人员行贿的；

（三）在国家重点工程、重大项目中行贿的；

（四）为谋取职务、职级晋升、调整行贿的；

（五）对监察、行政执行、司法工作人员行贿的；

（六）在生态环境、财政金融、安全生产、食品药品、防灾救灾、社会保障、教育、医疗等领域行贿，实施违法犯罪活动的；

（七）将违法所得用于行贿的。

行贿人在被追诉前主动交待行贿行为的，可以从轻或者减轻处罚。其中，犯罪较轻的，对调查突破、侦破重大案件起关键作用的，或者有重大立功表现的，可以减轻或者免除处罚。

——《中华人民共和国刑法》（2023 年 12 月 29 日修正）第三百九十条

56. 为谋取不正当利益，向国家工作人员的近亲属等行贿的，如何量刑？

为谋取不正当利益，向国家工作人员的近亲属或者其他与该国家工作人员关系密切的人，或者向离职的国家工作人员或者其近亲属以及其他与其关系密切的人行贿的，处三年以下有期徒刑或者拘役，并处罚金；情节严重的，或者使国家利益遭受重大损失的，处三年以上七年以下有期徒刑，并处罚金；情节特别严重的，或者使国家利益遭受特别重大损失的，处七年以上十年以下有期徒刑，并处罚金。

单位犯前款罪的，对单位判处罚金，并对其直接负责的主管人员和其他直接责任人员，处三年以下有期徒刑或者拘役，并处罚金。

——《中华人民共和国刑法》（2023 年 12 月 29 日修正）第三百九十条之一

57. 为谋取不正当利益，给予国家机关、国有公司等以财物的，如何量刑？

为谋取不正当利益，给予国家机关、国有公司、企业、事业单位、人民团体以财物的，或者在经济往来中，违反国家规定，给予各种名义的回扣、手续费的，处三年以下有期徒刑或者拘役，并处罚金；情节严重的，处三年以上七年以下有期徒刑，并处罚金。

单位犯前款罪的，对单位判处罚金，并对其直接负责的主管人员和其他直接责任人员，依照前款的规定处罚。

——《中华人民共和国刑法》（2023 年 12 月 29 日修正）第三百九十一条

58. 向国家工作人员介绍贿赂的，如何量刑？

向国家工作人员介绍贿赂，情节严重的，处三年以下有期徒刑或者拘役，并处罚金。

介绍贿赂人在被追诉前主动交待介绍贿赂行为的，可以减轻处罚或者免除处罚。

——《中华人民共和国刑法》（2023 年 12 月 29 日修正）第三百九十二条

59. 单位为谋取不正当利益而行贿等行为的，如何量刑？

单位为谋取不正当利益而行贿，或者违反国家规定，给予国家工作人员以回扣、手续费，情节严重的，对单位判处罚金，并对其直接负责的主管人员和其他直接责任人员，处三年以下有期徒刑或者拘役，并处罚金；情节特别严重的，处三年以上十年以下有期徒刑，并处罚金。因行贿取得的违法所得归个人所有的，依照本法第三百八十九条、第三百九十条的规定定罪处罚。

——《中华人民共和国刑法》（2023 年 12 月 29 日修正）第三百九十三条

60. 国家工作人员在国内公务活动或者对外交往中接受礼物，依照国家规定应当交公而不交公的，如何量刑？

国家工作人员在国内公务活动或者对外交往中接受礼物，依照国家规定应当交公而不交公，数额较大的，依照本法第三百八十二条、第三百八十三条的规定定罪处罚。

——《中华人民共和国刑法》（2023 年 12 月 29 日修正）第三百九十四条

61. 国家工作人员的财产、支出明显超过合法收入，如何量刑？

国家工作人员的财产、支出明显超过合法收入，差额巨大的，可以责令该国家工作人员说明来源，不能说明来源的，差额部分以非法所得论，处五年以下有期徒刑或者拘役；差额特别巨大的，处五年以上十年以下有期徒刑。财产的差额部分予以追缴。

国家工作人员在境外的存款，应当依照国家规定申报。数额较大、隐瞒不报的，处二年以下有期徒刑或者拘役；情节较轻的，由其所在单位或者上级主管机关酌情给予行政处分。

——《中华人民共和国刑法》（2023 年 12 月 29 日修正）第三百九十五条

62. 以单位名义将国有资产集体私分给个人，如何量刑？

国家机关、国有公司、企业、事业单位、人民团体，违反国家规定，以单位名义将国有资产集体私分给个人，数额较大的，对其直接负责的主管人员和其他直接责任人员，处三年以下有期徒刑或者拘役，并处或者单处罚金；数额巨大的，处三年以上七年以下有期徒刑，并处罚金。

司法机关、行政执法机关违反国家规定，将应当上缴国家的罚没财物，以单位名义集体私分给个人的，依照前款的规定处罚。

——《中华人民共和国刑法》（2023 年 12 月 29 日修正）第三百九十六条

63. 国家机关工作人员滥用职权等，如何量刑？

国家机关工作人员滥用职权或者玩忽职守，致使公共财产、国家和人民利益遭受重大损失的，处三年以下有期徒刑或者拘役；情节特别严重的，处三年以上七年以下有期徒刑。本法另有规定的，依照规定。

国家机关工作人员徇私舞弊，犯前款罪的，处五年以下有期徒刑或者拘役；情节特别严重的，处五年以上十年以下有期徒刑。本法另有规定的，依照规定。

——《中华人民共和国刑法》（2023 年 12 月 29 日修正）第三百九十七条

64. 国家机关工作人员故意或者过失泄露国家秘密的，如何量刑？

国家机关工作人员违反保守国家秘密法的规定，故意或者过失泄露国家秘密，情节严重的，处三年以下有期徒刑或者拘役；情节特别严重的，处三年以上七年以下有期徒刑。

非国家机关工作人员犯前款罪的，依照前款的规定酌情处罚。

——《中华人民共和国刑法》（2023 年 12 月 29 日修正）第三百九十八条

65. 公务员或者公务员集体有哪些情形会被撤销奖励？

公务员或者公务员集体有下列情形之一的，撤销奖励：

（一）弄虚作假，骗取奖励的；

（二）申报奖励时隐瞒严重错误或者严重违反规定程序的；

（三）有严重违纪违法等行为，影响称号声誉的；

（四）有法律、法规规定应当撤销奖励的其他情形的。

——《中华人民共和国公务员法》（2018 年 12 月 29 日第十三届全国人民代表大会常务委员会第七次会议修订）第五十六条

66. 公务员应当遵纪守法，不得有哪些行为？

公务员应当遵纪守法，不得有下列行为：

（一）散布有损宪法权威、中国共产党和国家声誉的言论，组织或者参加旨在反对宪法、中国共产党领导和国家的集会、游行、示威等活动；

（二）组织或者参加非法组织，组织或者参加罢工；

（三）挑拨、破坏民族关系，参加民族分裂活动或者组织、利用宗教活动破坏民族团结和社会稳定；

（四）不担当，不作为，玩忽职守，贻误工作；

（五）拒绝执行上级依法作出的决定和命令；

（六）对批评、申诉、控告、检举进行压制或者打击报复；

（七）弄虚作假，误导、欺骗领导和公众；

（八）贪污贿赂，利用职务之便为自己或者他人谋取私利；

（九）违反财经纪律，浪费国家资财；

（十）滥用职权，侵害公民、法人或者其他组织的合法权益；

（十一）泄露国家秘密或者工作秘密；

（十二）在对外交往中损害国家荣誉和利益；

（十三）参与或者支持色情、吸毒、赌博、迷信等活动；

（十四）违反职业道德、社会公德和家庭美德；

（十五）违反有关规定参与禁止的网络传播行为或者网络活动；

（十六）违反有关规定从事或者参与营利性活动，在企业或者其他营利性组织中兼任职务；

（十七）旷工或者因公外出、请假期满无正当理由逾期不归；

（十八）违纪违法的其他行为。

——《中华人民共和国公务员法》（2018 年 12 月 29 日第十三届全国人民代表大会常务委员会第七次会议修订）第五十九条

67. 对不按照编制限额、职数进行公务员录用、调任等的，如何处理？

对有下列违反本法规定情形的，由县级以上领导机关或者公务员主管部门按照管理权限，区别不同情况，分别予以责令纠正或者宣布无效；对负有责任的领导人员和直接责任人员，根据情节轻重，给予批评教育、责令检查、诫勉、组织调整、处分；构成犯罪的，依法追究刑事责任：

（一）不按照编制限额、职数或者任职资格条件进行公务员录用、调任、转任、聘任和晋升的；

（二）不按照规定条件进行公务员奖惩、回避和办理退休的；

（三）不按照规定程序进行公务员录用、调任、转任、聘任、晋升以及考核、奖惩的；

（四）违反国家规定，更改公务员工资、福利、保险待遇标准的；

（五）在录用、公开遴选等工作中发生泄露试题、违反考场纪律以及其他严重影响公开、公正行为的；

（六）不按照规定受理和处理公务员申诉、控告的；

（七）违反本法规定的其他情形的。

——《中华人民共和国公务员法》（2018 年 12 月 29 日第十三届全国人民代表大会常务委员会第七次会议修订）第一百零六条

68. 对辞去公职或者退休的公务员，从业方面有什么要求？

公务员辞去公职或者退休的，原系领导成员、县处级以上领导职务的公务员在离职三年内，其他公务员在离职两年内，不得到与原工作业务直接相关的企业或者其他营利性组织任职，不得从事与原工作业务直接相关的营利性活动。

公务员辞去公职或者退休后有违反前款规定行为的，由其原所在机关的同级公务员主管部门责令限期改正；逾期不改正的，由县级以上市场监管部门没收该人员从业期间的违法所得，责令接收单位将该人员予以清退，并根据情节轻重，对接收单位处以被处罚人员违法所得一倍以上五倍以下的罚款。

——《中华人民共和国公务员法》（2018 年 12 月 29 日第十三届全国人民代表大会常务委员会第七次会议修订）第一百零七条

69. 公务员主管部门的工作人员存在滥用职权、玩忽职守等构成犯罪的，如何处理？

公务员主管部门的工作人员，违反本法规定，滥用职权、玩忽职守、徇私舞弊，构成犯罪的，依法追究刑事责任；尚不构成犯罪的，给予处分或者由监察机关依法给予政务处分。

——《中华人民共和国公务员法》（2018 年 12 月 29 日第十三届全国人民代表大会常务委员会第七次会议修订）第一百零八条

70. 在公务员录用、聘任等工作中，对有隐瞒真实信息等行为的，如何处理？

在公务员录用、聘任等工作中，有隐瞒真实信息、弄虚作假、考试作弊、扰乱考试秩序等行为的，由公务员主管部门根据情节作出考试成绩无效、取消资格、限制报考等处理；情节严重的，依法追究法律责任。

——《中华人民共和国公务员法》（2018年12月29日第十三届全国人民代表大会常务委员会第七次会议修订）第一百零九条

71. 因错误的人事处理对公务员造成名誉损害的，该怎么办？

机关因错误的人事处理对公务员造成名誉损害的，应当赔礼道歉、恢复名誉、消除影响；造成经济损失的，应当依法给予赔偿。

——《中华人民共和国公务员法》（2018年12月29日第十三届全国人民代表大会常务委员会第七次会议修订）第一百一十条

72. 违反保密法规定，哪些情形需要依法给予处分？

违反本法规定，有下列情形之一，根据情节轻重，依法给予处分；有违法所得的，没收违法所得：

（一）非法获取、持有国家秘密载体的；

（二）买卖、转送或者私自销毁国家秘密载体的；

（三）通过普通邮政、快递等无保密措施的渠道传递国家秘密载体的；

（四）寄递、托运国家秘密载体出境，或者未经有关主管部门批准，携带、传递国家秘密载体出境的；

（五）非法复制、记录、存储国家秘密的；

（六）在私人交往和通信中涉及国家秘密的；

（七）未按照国家保密规定和标准采取有效保密措施，在互联网及其他公共信息网络或者有线和无线通信中传递国家秘密的；

（八）未按照国家保密规定和标准采取有效保密措施，将涉密信息系统、涉密信息设备接入互联网及其他公共信息网络的；

（九）未按照国家保密规定和标准采取有效保密措施，在涉密信息系统、涉密信息设备与互联网及其他公共信息网络之间进行信息交换的；

（十）使用非涉密信息系统、非涉密信息设备存储、处理国家秘密的；

（十一）擅自卸载、修改涉密信息系统的安全技术程序、管理程序的；

（十二）将未经安全技术处理的退出使用的涉密信息设备赠送、出售、丢弃或者改作其他用途的；

（十三）其他违反本法规定的情形。

有前款情形尚不构成犯罪，且不适用处分的人员，由保密行政管理部门督促其所在机关、单位予以处理。

——《中华人民共和国保守国家秘密法》（2024 年 2 月 27 日第二次修订）第五十七条

73. 对发生重大泄密案件的或者对应当定密的事项不定密、对不应当定密的事项定密，如何处理？

机关、单位违反本法规定，发生重大泄露国家秘密案件的，依法对直接负责的主管人员和其他直接责任人员给予处分。不适用处分的人员，由保密行政管理部门督促其主管部门予以处理。

机关、单位违反本法规定，对应当定密的事项不定密，对不应当定密的事项定密，或者未履行解密审核责任，造成严重后果的，依法对直接负责的主管人员和其他直接责任人员给予处分。

——《中华人民共和国保守国家秘密法》（2024 年 2 月 27 日第二次修订）第五十八条

74. 在突发事件应对工作中，有关单位存在哪些情形将会受到处罚？

有关单位有下列情形之一的，由所在地履行统一领导职责的人民政府责令停产停业，暂扣或者吊销许可证或者营业执照，并处五万元以上二十万元以下的罚款；构成违反治安管理行为的，由公安机关依法给予处罚：

（一）未按规定采取预防措施，导致发生严重突发事件的；

（二）未及时消除已发现的可能引发突发事件的隐患，导致发生严重突发事件的；

（三）未做好应急设备、设施日常维护、检测工作，导致发生严重突发事件或者突发事件危害扩大的；

（四）突发事件发生后，不及时组织开展应急救援工作，造成严重后果的。

前款规定的行为，其他法律、行政法规规定由人民政府有关部门依法决定处罚的，从其规定。

——《中华人民共和国突发事件应对法》（2007 年 8 月 30 日第十届全国人民代表大会常务委员会第二十九次会议通过）第六十四条

75. 对编造并传播有关突发事件事态发展或者应急处置工作的虚假信息等的，应如何处理？

违反本法规定，编造并传播有关突发事件事态发展或者应急处置工作的虚假信息，或者明知是有关突发事件事态发展或者应急处置工作的虚假信息而进行传播的，责令改正，给予警告；造成严重后果的，依法暂停其业务活动或者吊销其执业许可证；负有直接责任的人员是国家工作人员的，还应当对其依法给予处分；构成违反治安管理行为的，由公安机关依法给予处罚。

——《中华人民共和国突发事件应对法》（2007 年 8 月 30 日第十届全国人民代表大会常务委员会第二十九次会议通过）第六十五条

76. 实施间谍行为，构成犯罪的，应如何处理？

实施间谍行为，构成犯罪的，依法追究刑事责任。

——《中华人民共和国反间谍法》（2023 年 4 月 26 日第十四届全国人民代表大会常务委员会第二次会议修订）第五十三条

77. 个人实施间谍行为，尚不构成犯罪的，应如何处理？

个人实施间谍行为，尚不构成犯罪的，由国家安全机关予以警告或者处十五日以下行政拘留，单处或者并处五万元以下罚款，违法所得在五万元以上的，单处或者并处违法所得一倍以上五倍以下罚款，并可以由有关部门依法予以处分。

——《中华人民共和国反间谍法》（2023 年 4 月 26 日第十四届全国人民代表大会常务委员会第二次会议修订）第五十四条第一款

78. 明知他人实施间谍行为，为其提供信息等支持或者窝藏、包庇，尚不构成犯罪的，应如何处理？

明知他人实施间谍行为，为其提供信息、资金、物资、劳务、技术、场所等支持、协助，或者窝藏、包庇，尚不构成犯罪的，由国家安全机关予以警告或者处十五日以下行政拘留，单处或者并处五万元以下罚款，违法所得在五万元以上的，单处或者并处违法所得一倍以上五倍以下罚款，并可以由有关部门依法予以处分。

——《中华人民共和国反间谍法》（2023 年 4 月 26 日第十四届全国人民代表大会常务委员会第二次会议修订）第五十四条第二款

79. 单位实施间谍行为或者为他人提供支持或者窝藏、包庇的，应如何处理？

单位有前两款行为（注：实施间谍行为，尚不构成犯罪，或明知他人实施间谍行为，为其提供信息、资金、物资、劳务、技术、场所等支持、协助，或者窝藏、包庇，尚不构成犯罪）的，由国家安全机关予以警告，单处或者并处五十万元以下罚款，违法所得在五十万元以上的，单处或者并处违法所得一倍以上五倍以下罚款，并对直接负责的主管人员和其他直接责任人员，由国家安全机关予以警告或者处十五日以下行政拘留，单处或者并处五万元以下罚款，违法所得在五万元以上的，单处或者并处违法所得一倍以上五倍以下罚款，并可以由有关部门依法予以处分。

——《中华人民共和国反间谍法》（2023 年 4 月 26 日第十四届全国人民代表大会常务委员会第二次会议修订）第五十四条第三款

80. 国家安全机关工作人员在反间谍工作中存在哪些行为，将被依法给予处分或者追究刑事责任？

国家安全机关工作人员滥用职权、玩忽职守、徇私舞弊，或者有非法拘禁、刑讯逼供、暴力取证、违反规定泄露国家秘密、工作秘密、商业秘密和个人隐私、个人信息等行为，依法予以处分，构成犯罪的，依法追究刑事责任。

——《中华人民共和国反间谍法》（2023 年 4 月 26 日第十四届全国人民代表大会常务委员会第二次会议修订）第六十九条

81. 开展数据处理活动的组织、个人不履行数据安全保护义务的，应如何处理？

开展数据处理活动的组织、个人不履行本法第二十七条、第二十九条、第三十条规定的数据安全保护义务的，由有关主管部门责令改正，给予警告，可以并处五万元以上五十万元以下罚款，对直接负责的主管人员和其他直接责任人员可以处一万元以上十万元以下罚款；拒不改正或者造成大量数据泄露等严重后果的，处五十万元以上二百万元以下罚款，并可以责令暂停相关业务、停业整顿、吊销相关业务许可证或者吊销营业执照，对直接负责的主管人员和其他直接责任人员处五万元以上二十万元以下罚款。

——《中华人民共和国数据安全法》（2021 年 6 月 10 日第十三届全国人民代表大会常务委员会第二十九次会议通过）第四十五条第一款

82. 违反国家核心数据管理制度，危害国家主权、安全和发展利益的，应如何处理？

违反国家核心数据管理制度，危害国家主权、安全和发展利益的，由有关主管部门处二百万元以上一千万元以下罚款，并根据情况责令暂停相关业务、停业整顿、吊销相关业务许可证或者吊销营业执照；构成犯罪的，依法追究刑事责任。

——《中华人民共和国数据安全法》（2021 年 6 月 10 日第十三届全国人民代表大会常务委员会第二十九次会议通过）第四十五条第二款

83. 违法对向境外提供重要数据的，应如何处理？

违反本法第三十一条规定，向境外提供重要数据的，由有关主管部门责令改正，给予警告，可以并处十万元以上一百万元以下罚款，对直接负责的主管人员和其他直接责任人员可以处一万元以上十万元以下罚款；情节严重的，处一百万元以上一千万元以下罚款，并可以责令暂停相关业务、停业整顿、吊销相关业务许可证或者吊销营业执照，对直接负责的主管人员和其他直接责任人员处十万元以上一百万元以下罚款。

——《中华人民共和国数据安全法》（2021 年 6 月

10日第十三届全国人民代表大会常务委员会第二十九次会议通过）第四十六条

84. 对拒不配合数据调取的，应如何处理？

违反本法第三十五条规定，拒不配合数据调取的，由有关主管部门责令改正，给予警告，并处五万元以上五十万元以下罚款，对直接负责的主管人员和其他直接责任人员处一万元以上十万元以下罚款。

——《中华人民共和国数据安全法》（2021年6月10日第十三届全国人民代表大会常务委员会第二十九次会议通过）第四十八条第一款

85. 对未经主管机关批准向外国司法或者执法机构提供数据的，应如何处理？

违反本法第三十六条规定，未经主管机关批准向外国司法或者执法机构提供数据的，由有关主管部门给予警告，可以并处十万元以上一百万元以下罚款，对直接负责的主管人员和其他直接责任人员可以处一万元以上十万元以下罚款；造成严重后果的，处一百万元以上五百万元以下罚款，并可以责令暂停相关业务、停业整顿、吊销相关业务许可证或者吊销营业执照，对直接负责的主管人员和其他直接责任人员处五万元以上五十万元以下罚款。

——《中华人民共和国数据安全法》（2021 年 6 月 10 日第十三届全国人民代表大会常务委员会第二十九次会议通过）第四十八条第二款

86. 对国家机关不履行数据安全法规定的数据安全保护义务的，应如何处理？

国家机关不履行本法规定的数据安全保护义务的，对直接负责的主管人员和其他直接责任人员依法给予处分。

——《中华人民共和国数据安全法》（2021 年 6 月 10 日第十三届全国人民代表大会常务委员会第二十九次会议通过）第四十九条

87. 对虚报、冒领、贪污、挪用、截留用于科学技术进步的财政性资金或者社会捐赠资金的，应如何处理？

违反本法规定，虚报、冒领、贪污、挪用、截留用于科学技术进步的财政性资金或者社会捐赠资金的，由有关主管部门责令改正，追回有关财政性资金，责令退还捐赠资金，给予警告或者通报批评，并可以暂停拨款，终止或者撤销相关科学技术活动；情节严重的，依法处以罚款，禁止一定期限内承担或者参与财政性资金支持的科学技术活动；对直接负责的主管人员和其他直接责任人员依法给予行政处罚和处分。

——《中华人民共和国科学技术进步法》（2021年12月24日第十三届全国人民代表大会常务委员会第三十二次会议第二次修订）第一百一十条

88. 对进行危害国家安全、损害社会公共利益等的科学技术研究开发和应用活动的，应如何处理？

违反本法规定，进行危害国家安全、损害社会公共利益、危害人体健康、违背科研诚信和科技伦理的科学技术研究开发和应用活动的，由科学技术人员所在单位或者有关主管部门责令改正；获得用于科学技术进步的财政性资金或者有违法所得的，由有关主管部门终止或者撤销相关科学技术活动，追回财政性资金，没收违法所得；情节严重的，由有关主管部门向社会公布其违法行为，依法给予行政处罚和处分，禁止一定期限内承担或者参与财政性资金支持的科学技术活动、申请相关科学技术活动行政许可；对直接负责的主管人员和其他直接责任人员依法给予行政处罚和处分。

——《中华人民共和国科学技术进步法》（2021 年 12 月 24 日第十三届全国人民代表大会常务委员会第三十二次会议第二次修订）第一百一十二条第一款

89. 对虚构、伪造科研成果，发布、传播虚假科研成果等的，应如何处理？

违反本法规定，虚构、伪造科研成果，发布、传播虚假科研成果，或者从事学术论文及其实验研究数据、科学技术计划项目申报验收材料等的买卖、代写、代投服务的，由有关主管部门给予警告或者通报批评，处以罚款；有违法所得的，没收违法所得；情节严重的，吊销许可证件。

——《中华人民共和国科学技术进步法》（2021 年 12 月 24 日第十三届全国人民代表大会常务委员会第三十二次会议第二次修订）第一百一十二条第二款

90. 对从事科学技术活动违反科学技术活动管理规范的，应如何处理？

违反本法规定，从事科学技术活动违反科学技术活动管理规范的，由有关主管部门责令限期改正，并可以追回有关财政性资金，给予警告或者通报批评，暂停拨款、终止或者撤销相关财政性资金支持的科学技术活动；情节严重的，禁止一定期限内承担或者参与财政性资金支持的科学技术活动，取消一定期限内财政性资金支持的科学技术活动管理资格；对直接负责的主管人员和其他直接责任人员依法给予处分。

——《中华人民共和国科学技术进步法》（2021 年 12 月 24 日第十三届全国人民代表大会常务委员会第三十二次会议第二次修订）第一百一十三条

91. 对骗取国家科学技术奖励或者提供虚假数据、材料，协助他人骗取国家科学技术奖励的，应如何处理？

违反本法规定，骗取国家科学技术奖励的，由主管部门依法撤销奖励，追回奖章、证书和奖金等，并依法给予处分。

违反本法规定，提名单位或者个人提供虚假数据、材料，协助他人骗取国家科学技术奖励的，由主管部门给予通报批评；情节严重的，暂停或者取消其提名资格，并依法给予处分。

——《中华人民共和国科学技术进步法》（2021年12月24日第十三届全国人民代表大会常务委员会第三十二次会议第二次修订）第一百一十四条

92. 什么情形下，可以撤销行政许可？

有下列情形之一的，作出行政许可决定的行政机关或者其上级行政机关，根据利害关系人的请求或者依据职权，可以撤销行政许可：

（一）行政机关工作人员滥用职权、玩忽职守作出准予行政许可决定的；

（二）超越法定职权作出准予行政许可决定的；

（三）违反法定程序作出准予行政许可决定的；

（四）对不具备申请资格或者不符合法定条件的申请人准予行政许可的；

（五）依法可以撤销行政许可的其他情形。

被许可人以欺骗、贿赂等不正当手段取得行政许可的，应当予以撤销。

依照前两款的规定撤销行政许可，可能对公共利益造成重大损害的，不予撤销。

依照本条第一款的规定撤销行政许可，被许可人的合法权益受到损害的，行政机关应当依法给予赔偿。依照本条第二款的规定撤销行政许可的，被许可人基于行政许可取得的利益不受保护。

——《中华人民共和国行政许可法》（2019 年 4 月 23 日修正）第六十九条

93. 什么情形下，行政机关应当依法办理有关行政许可的注销手续？

有下列情形之一的，行政机关应当依法办理有关行政许可的注销手续：

（一）行政许可有效期届满未延续的；

（二）赋予公民特定资格的行政许可，该公民死亡或者丧失行为能力的；

（三）法人或者其他组织依法终止的；

（四）行政许可依法被撤销、撤回，或者行政许可证件依法被吊销的；

（五）因不可抗力导致行政许可事项无法实施的；

（六）法律、法规规定的应当注销行政许可的其他情形。

——《中华人民共和国行政许可法》（2019 年 4 月 23 日修正）第七十条

94. 行政机关及其工作人员违反行政许可法规定，存在哪些情形需要责令其改正并对相关人员依法给予行政处分？

行政机关及其工作人员违反本法的规定，有下列情形之一的，由其上级行政机关或者监察机关责令改正；情节严重的，对直接负责的主管人员和其他直接责任人员依法给予行政处分：

（一）对符合法定条件的行政许可申请不予受理的；

（二）不在办公场所公示依法应当公示的材料的；

（三）在受理、审查、决定行政许可过程中，未向申请人、利害关系人履行法定告知义务的；

（四）申请人提交的申请材料不齐全、不符合法定形式，不一次告知申请人必须补正的全部内容的；

（五）违法披露申请人提交的商业秘密、未披露信息或者保密商务信息的；

（六）以转让技术作为取得行政许可的条件，或者在实施行政许可的过程中直接或者间接地要求转让技术的；

（七）未依法说明不受理行政许可申请或者不予行政许可的理由的；

（八）依法应当举行听证而不举行听证的。

——《中华人民共和国行政许可法》（2019 年 4 月 23 日修正）第七十二条

95. 行政机关实施行政许可，存在哪些情形需要责令其改正并对相关人员依法给予行政处分？

行政机关实施行政许可，有下列情形之一的，由其上级行政机关或者监察机关责令改正，对直接负责的主管人员和其他直接责任人员依法给予行政处分；构成犯罪的，依法追究刑事责任：

（一）对不符合法定条件的申请人准予行政许可或者超越法定职权作出准予行政许可决定的；

（二）对符合法定条件的申请人不予行政许可或者不在法定期限内作出准予行政许可决定的；

（三）依法应当根据招标、拍卖结果或者考试成绩择优作出准予行政许可决定，未经招标、拍卖或者考试，或者不根据招标、拍卖结果或者考试成绩择优作出准予行政许可决定的。

——《中华人民共和国行政许可法》（2019 年 4 月 23 日修正）第七十四条

96. 行政机关实施行政许可，擅自收费或者不按照法定项目和标准收费的，应如何处理？

行政机关实施行政许可，擅自收费或者不按照法定项目和标准收费的，由其上级行政机关或者监察机关责令退还非法收取的费用；对直接负责的主管人员和其他直接责任人员依法给予行政处分。

截留、挪用、私分或者变相私分实施行政许可依法收取的费用的，予以追缴；对直接负责的主管人员和其他直接责任人员依法给予行政处分；构成犯罪的，依法追究刑事责任。

——《中华人民共和国行政许可法》（2019 年 4 月 23 日修正）第七十五条

97. 行政机关违法实施行政许可，给当事人的合法权益造成损害的，应如何处理？

行政机关违法实施行政许可，给当事人的合法权益造成损害的，应当依照国家赔偿法的规定给予赔偿。

——《中华人民共和国行政许可法》（2019 年 4 月 23 日修正）第七十六条

98. 行政机关不依法履行监督职责或者监督不力，造成严重后果的，应如何处理？

行政机关不依法履行监督职责或者监督不力，造成严重后果的，由其上级行政机关或者监察机关责令改正，对直接负责的主管人员和其他直接责任人员依法给予行政处分；构成犯罪的，依法追究刑事责任。

——《中华人民共和国行政许可法》（2019 年 4 月 23 日修正）第七十七条

99. 行政机关实施行政处罚，存在哪些情形需要责令其改正并对相关人员依法给予处分？

行政机关实施行政处罚，有下列情形之一，由上级行政机关或者有关机关责令改正，对直接负责的主管人员和其他直接责任人员依法给予处分：

（一）没有法定的行政处罚依据的；

（二）擅自改变行政处罚种类、幅度的；

（三）违反法定的行政处罚程序的；

（四）违反本法第二十条关于委托处罚的规定的；

（五）执法人员未取得执法证件的。

行政机关对符合立案标准的案件不及时立案的，依照前款规定予以处理。

——《中华人民共和国行政处罚法》（2021 年 1 月 22 日修订）第七十六条

100. 行政机关对当事人进行处罚不使用罚款、没收财物单据或者使用非法定部门制发的罚款、没收财物单据的，应如何处理？

行政机关对当事人进行处罚不使用罚款、没收财物单据或者使用非法定部门制发的罚款、没收财物单据的，当事人有权拒绝，并有权予以检举，由上级行政机关或者有关机关对使用的非法单据予以收缴销毁，对直接负责的主管人员和其他直接责任人员依法给予处分。

——《中华人民共和国行政处罚法》（2021 年 1 月 22 日修订）第七十七条

101. 行政机关截留、私分或者变相私分罚款、没收的违法所得或者财物的，应如何处理？

行政机关截留、私分或者变相私分罚款、没收的违法所得或者财物的，由财政部门或者有关机关予以追缴，对直接负责的主管人员和其他直接责任人员依法给予处分；情节严重构成犯罪的，依法追究刑事责任。

执法人员利用职务上的便利，索取或者收受他人财物、将收缴罚款据为己有，构成犯罪的，依法追究刑事责任；情节轻微不构成犯罪的，依法给予处分。

——《中华人民共和国行政处罚法》（2021 年 1 月 22 日修订）第七十九条

102. 行政机关使用或者损毁查封、扣押的财物，对当事人造成损失的，应如何处理？

行政机关使用或者损毁查封、扣押的财物，对当事人造成损失的，应当依法予以赔偿，对直接负责的主管人员和其他直接责任人员依法给予处分。

——《中华人民共和国行政处罚法》（2021 年 1 月 22 日修订）第八十条

103. 行政机关违法实施检查措施或者执行措施，给公民人身或者财产造成损害、给法人或者其他组织造成损失的，应如何处理？

行政机关违法实施检查措施或者执行措施，给公民人身或者财产造成损害、给法人或者其他组织造成损失的，应当依法予以赔偿，对直接负责的主管人员和其他直接责任人员依法给予处分；情节严重构成犯罪的，依法追究刑事责任。

——《中华人民共和国行政处罚法》（2021 年 1 月 22 日修订）第八十一条

104. 行政机关对应当依法移交司法机关追究刑事责任的案件不移交，以行政处罚代替刑事处罚，应如何处理？

行政机关对应当依法移交司法机关追究刑事责任的案件不移交，以行政处罚代替刑事处罚，由上级行政机关或者有关机关责令改正，对直接负责的主管人员和其他直接责任人员依法给予处分；情节严重构成犯罪的，依法追究刑事责任。

——《中华人民共和国行政处罚法》（2021 年 1 月 22 日修订）第八十二条

105. 行政机关对应当予以制止和处罚的违法行为不予制止、处罚，致使公民、法人或者其他组织的合法权益、公共利益和社会秩序遭受损害的，应如何处理？

行政机关对应当予以制止和处罚的违法行为不予制止、处罚，致使公民、法人或者其他组织的合法权益、公共利益和社会秩序遭受损害的，对直接负责的主管人员和其他直接责任人员依法给予处分；情节严重构成犯罪的，依法追究刑事责任。

——《中华人民共和国行政处罚法》（2021 年 1 月 22 日修订）第八十三条

106. 行政机关实施行政强制，存在哪些情形需要责令其改正并对相关人员依法给予处分？

行政机关实施行政强制，有下列情形之一的，由上级行政机关或者有关部门责令改正，对直接负责的主管人员和其他直接责任人员依法给予处分：

（一）没有法律、法规依据的；

（二）改变行政强制对象、条件、方式的；

（三）违反法定程序实施行政强制的；

（四）违反本法规定，在夜间或者法定节假日实施行政强制执行的；

（五）对居民生活采取停止供水、供电、供热、供燃气等方式迫使当事人履行相关行政决定的；

（六）有其他违法实施行政强制情形的。

——《中华人民共和国行政强制法》（2011 年 6 月 30 日公布）第六十一条

107. 行政机关违反行政强制法规定，存在哪些情形需要责令其改正并对相关人员依法给予处分？

违反本法规定，行政机关有下列情形之一的，由上级行政机关或者有关部门责令改正，对直接负责的主管人员和其他直接责任人员依法给予处分：

（一）扩大查封、扣押、冻结范围的；

（二）使用或者损毁查封、扣押场所、设施或者财物的；

（三）在查封、扣押法定期间不作出处理决定或者未依法及时解除查封、扣押的；

（四）在冻结存款、汇款法定期间不作出处理决定或者未依法及时解除冻结的。

——《中华人民共和国行政强制法》（2011年6月30日公布）第六十二条

108. 行政机关将查封、扣押的财物截留、私分或者变相私分的，应如何处理？

行政机关将查封、扣押的财物或者划拨的存款、汇款以及拍卖和依法处理所得的款项，截留、私分或者变相私分的，由财政部门或者有关部门予以追缴；对直接负责的主管人员和其他直接责任人员依法给予记大过、降级、撤职或者开除的处分。

行政机关工作人员利用职务上的便利，将查封、扣押的场所、设施或者财物据为己有的，由上级行政机关或者有关部门责令改正，依法给予记大过、降级、撤职或者开除的处分。

——《中华人民共和国行政强制法》（2011 年 6 月 30 日公布）第六十三条

109. 行政机关及其工作人员利用行政强制权为单位或者个人谋取利益的，应如何处理?

行政机关及其工作人员利用行政强制权为单位或者个人谋取利益的，由上级行政机关或者有关部门责令改正，对直接负责的主管人员和其他直接责任人员依法给予处分。

——《中华人民共和国行政强制法》（2011 年 6 月 30 日公布）第六十四条

110. 行政复议机关不依照行政复议法规定履行行政复议职责，应如何处理?

行政复议机关不依照本法规定履行行政复议职责，对负有责任的领导人员和直接责任人员依法给予警告、记过、记大过的处分；经有权监督的机关督促仍不改正或者造成严重后果的，依法给予降级、撤职、开除的处分。

——《中华人民共和国行政复议法》（2023 年 9 月 1 日修订）第八十条

111. 行政复议机关工作人员在行政复议活动中，徇私舞弊或者有其他渎职、失职行为的，应如何处理?

行政复议机关工作人员在行政复议活动中，徇私舞弊或者有其他渎职、失职行为的，依法给予警告、记过、记大过的处分；情节严重的，依法给予降级、撤职、开除的处分；构成犯罪的，依法追究刑事责任。

——《中华人民共和国行政复议法》（2023 年 9 月 1 日修订）第八十一条

图书在版编目（CIP）数据

党员干部应知应会法律常识 /《党员干部应知应会法律常识》编写组编写. -- 北京：中国方正出版社，2024. 7. -- ISBN 978-7-5174-1379-0

Ⅰ. D920. 4

中国国家版本馆 CIP 数据核字第 20241NQ788 号

党员干部应知应会法律常识

DANGYUAN GANBU YINGZHI YINGHUI FALÜ CHANGSHI

本书编写组　**编写**

责任编辑：陶　莹
责任校对：周志娟
责任印制：李惠君

出版发行：中国方正出版社
（北京市西城区广安门南街甲 2 号　邮编：100053）
编辑部：（010）59594615　发行部：（010）66560936
出版部：（010）59594625　门市部：（010）66562733
邮购部：（010）66560933
责编 E-mail：taoying8701@163. com
经　　销：新华书店
印　　刷：北京中科印刷有限公司

开　　本：787 毫米×1092 毫米　1/16
印　　张：13. 5
字　　数：120 千字
版　　次：2024 年 8 月第 1 版　2024 年 9 月北京第 2 次印刷

ISBN 978-7-5174-1379-0　　定价：35. 00 元